超図解 ブロックチェーン入門

Blockchain

新しいビジネスモデルがここから生まれる！

暮らしやビジネスはどう変わる？

桜井 駿
NTTデータ経営研究所
Shun Sakurai

日本能率協会マネジメントセンター

インターネット以来の革新技術がやってきた!

　ニュースや新聞で「ビットコイン」「ブロックチェーン」のキーワードを見かけることがとても多くなりました。

　インターネットが生み出した新たなサービスが、社会やビジネスの在り方を変えながら、より良いサービスを多くの人々に提供しています。

　ここ数年、こうした流れが金融業界に訪れています。「FinTech（フィンテック：金融×テクノロジーの造語）」です。FinTechによって従来の金融サービスに不満や問題を抱える人々に新たな価値や、新しいお金、金融サービスを提供しています。

　そしていま、お金や金融という概念を根本から革新し、「インターネット以来の革命」と呼ばれているのが「ブロックチェーン」です。

　仮想通貨のビットコインを実現するために生まれた技術がもたらしたインパクトは、計り知れません。通貨という価値のやり取りを、銀行や政府を介さずに世界共通の形で実現しているのです。

　そのインパクトのスケールの大きさはもちろん、それを実現した技術は様々な分野への応用が期待されています。

　「ブロックチェーンやビットコインの情報をよく目にしたり耳にしたりするけどよくわからなかった」

　そうした方のためにブロックチェーンがもたらす社会の変化やしくみを、図解を使って学びの入口にしてもらえたらという目的で本書を執筆しました。

　いずれブロックチェーンは、インターネットのように私たちの暮らしに自然と溶け込むようになると思います。そうした世の中をイメージしながら本書を読み進めていただければ、この革命が身近に感じられるかもしれません。

● ソリューションありきのアプローチ

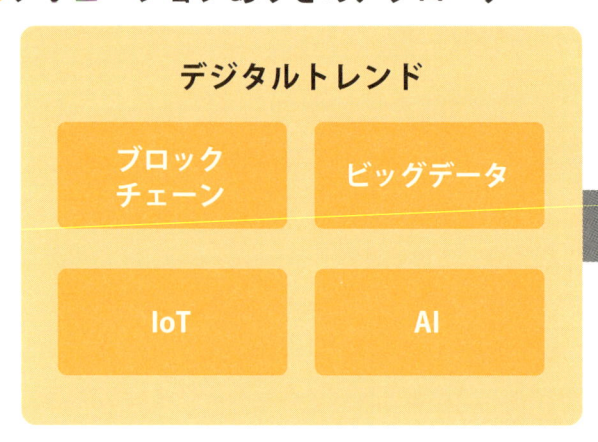

デジタルトレンド

- ブロックチェーン
- ビッグデータ
- IoT
- AI

● 問題起点のアプローチ

人々や企業の
不満・不便などの
問題

問題起点でアプローチしよう！

解決手段は豊富にある

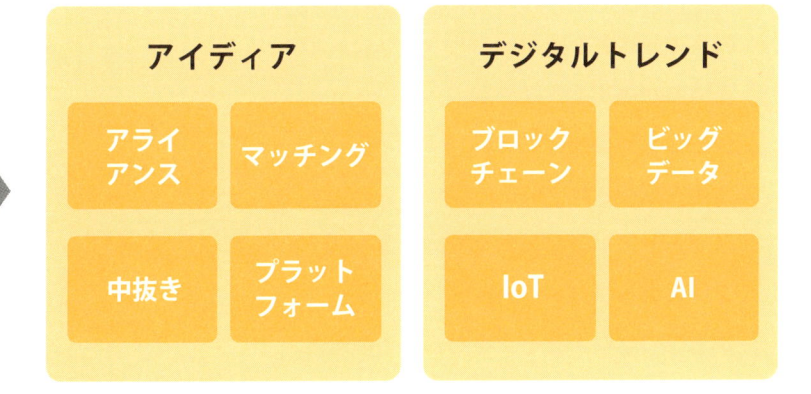

CONTENTS

超図解ブロックチェーン入門◎目次

第2章 ブロックチェーンの特性とは?

第3章 ブロックチェーンで何がどう変わる?

第4章 ブロックチェーンを支える技術

第5章 ビットコインのしくみとは？

第6章 ブロックチェーンの取り組み状況は?

第 1 章

ブロックチェーンとは？

1-1 ブロックチェーンってなに？

まずはじめに、**ブロックチェーンは仮想通貨「ビットコイン」の基盤技術として誕生した概念で、「分散型台帳技術」とも呼ばれています。そしてこの技術の特長は、取引などを記録するための「台帳」をネットワーク上の複数のコンピュータで相互確認し、外部からの改ざんを防ぐ新しいしくみということ**です。

台帳は私たちの生活にも馴染みがあるものです。企業の会計を記録した「会計帳簿」や、みなさんの氏名や住所が世帯ごとに記録されている「住民基本台帳」なんてものもありますよね。私たちの生活には、あらゆる取引や、大切な情報を管理する台帳がいたるところで使われています。紙で管理したり、電子化されたりしていますが、その多くは特定の組織や企業が責任を持って各自のシステムで管理することが一般的です。

それでは、ブロックチェーンは、従来から存在する台帳とは何が異なるのでしょうか？　ブロックチェーンという名称そのものに答えがあります。

ブロックチェーンの「ブロック」は、これまでの一連の取引における「一定期間の取引記録（トランザクション）」を1つの束にまとめたものです。そうしてひとまとめにしたブロックを、始まりから現在まで時系列ですべてをつなぎ合わせているため、「チェーン」と呼んでいます。取引の一番はじめから今現在までがすべてつながっている台帳、それがブロックチェーンです。

さらに、分散型台帳技術と呼ばれるように、その取引台帳を、特定の組織や企業システムで管理するのではなく、関係者みんなで共有することで管理しています。

特定の誰かに任せるのではなく、「みんなで管理しましょう」という手法を取っているのが、ブロックチェーンなのです。

1-1 ブロックチェーンとは？

仮想通貨「ビットコイン」を支える技術であり、インターネットでつながった参加者同士が取引記録を共有し、参加者の相互監視により信頼性を保ち、データが改ざんできない技術。中央のサーバでデータを管理する方法とは異なり、参加者による分散共有することで管理者が不要になるうえ、データが1ヵ所に集中することはないのでシステムダウンが起こりにくい。システム構築も容易で安価というメリットがある。

取引の記録＝台帳

取引記録表
会計帳簿
住民基本台帳
など

ブロックチェーン

複数の取引記録
（トランザクション）を
まとめたブロック

ブロックをチェーンのようにつなぎ合わせて管理している

1-2 みんなで支えあうしくみ

ブロックチェーンは、特定の誰かが取引記録の「台帳」を管理するわけではなく、参加者みんなが相互に確認しあって維持しています。

みんなで支えあうことでどのようなメリットがあるのでしょうか？

台帳とは一般的に、大切な取引内容や、情報を管理するためのものです。そのため、原本そのものを紛失してしまったり、途中で書き換えられたりして改ざんされては大きな問題です。

また、現在は台帳も多くが電子化され、システムによって管理されているため、万が一そのシステムが不具合で停止してしまった場合も、取引内容の確認や取引の実行ができないのは不便です。

そこでブロックチェーンの分散型の管理が力を発揮します。

特定の誰かが、単独で管理を行うわけではなく、複数の参加者が互いに台帳を共有し監視しあうことで、不正がされにくい、不正に強いしくみを実現しています。

さらに、ブロックチェーンを参加者各自で共有、維持することで、みんなで支えあうことになります。**みんなで支えあっているので、どこか1つのシステムが故障したりしても、台帳が消えたり、システム全体がストップすることはありません。**

従来の台帳管理とは異なり、「みんなで支えあうシステム」。

これがブロックチェーンの大きな特徴の1つと言えます。

参加者みんなで台帳を共有して管理し、支えあうしくみにしたことで、「外部からの侵入による改ざんなどの不正がされにくい」「データを紛失したり、途中でシステムが止まったりしにくい」というメリットを、ブロックチェーンは手に入れたのです。

1-2 従来とは違う管理のしくみ

これまでの管理方法

特定の組織や企業が中央で一元管理

ブロックチェーンの管理方法

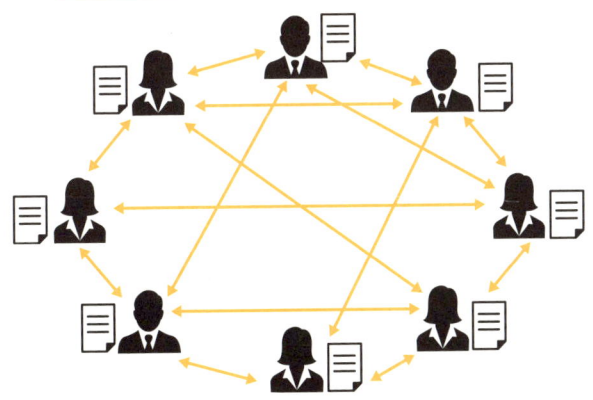

参加者同士がすべての取引を共有して管理

ブロックチェーンの取引記録をみんなで支えあう

注目が集まる最大の理由

🔗 国内自動車市場規模に匹敵する潜在力

　ビジネスの世界には時代に応じたトレンドが登場します。そのトレンドが「流行語」として広まれば、一気に注目を集めます。ブロックチェーンは、そもそもは仮想通貨「ビットコイン」の実用化で一般にも知られるようになりました。

　AIやIoT、フィンテックなど、最近でも様々なビジネスモデルや技術が注目を集め、スタートアップ企業や大手企業によって新しい価値やサービスを生み出すための取り組みが始まっています。

　そのようななかで、2016年に経済産業省が発表した **「67兆円」** という数字に注目が集まりました。これは同省が **「ブロックチェーンが社会にもたらす影響の市場規模」** として試算したものです。国内自動車市場規模が60兆円弱ですから、その大きさがうかがい知れます。このことからも、ブロックチェーンと呼ばれる新しい技術が、私たちの生活やビジネスに広く、大きなインパクトを与えると予想されているのです。

　しかし、新しい概念であるからこそ、その定義や今後の社会へのインパクト、活用方法については世界中で議論や実験が行われている最中です。

　それにもかかわらず、**国内外でここまで話題となっている理由には、私たちの生活やビジネスの根幹となる前提を変える可能性を秘めている点にあります。** ほとんどすべての人に関係のある話だからです。

　そうしたなか、徐々に日本や世界でもブロックチェーンを活用したビジネスの事例などが出てきています。

　ただし、ブロックチェーンを支えている技術そのものは実は新しいものではありません。いわゆる「枯れた技術」と言われる以前から存在している技術を、新しい組み合わせで発明に変えたのがブロックチェーンです。

1-3 ブロックチェーンの市場規模予測

ブロックチェーンの
関連市場規模
67兆円

サプライチェーン
32兆円

・小売り
・貴金属管理
・美術品等真贋認証

取引自動化
20兆円

・遺言
・IoT
・電力サービス

シェアリング
12兆円

・デジタルコンテンツ
・チケットサービス
・C2Cオークション

通貨・ポイント
1兆円

・地域通貨
・電子クーポン
・ポイントサービス

権利証明
1兆円

・土地管理
・電子カルテ
・各種登録（出産・婚姻・転居等）

出所：経済産業省「ブロックチェーン技術を利用したサービスに関する国内外動向調査」報告書概要資料

1-4 誕生の背景

🔗 ビットコインの取引を支える技術として登場

　投資や新しい送金インフラとして注目されるインターネット上の仮想通貨「ビットコイン」は、2008年にそのコンセプトが世に発表され、2009年から取引が始まりました。

　ビットコインの最大の特徴は、銀行などの公的な第三者がいないにもかかわらず、インターネットを通して仮想の通貨として、日本の円や米ドルのように世界中でやりとりできる点にあります。

　このことによりビットコインは、ビットコインという仮想通貨を送金するための世界共通の巨大な送金ネットワークのシステムを構築することができたのです。

　あなたがビットコインを持っていれば、それを海外にいる友人に格安の手数料で「送金」することもできますし、あなたがよく行くレストランがビットコイン支払いに対応していれば、ビットコインを会計時の「決済」手段として利用するこができます。まるでみなさんが普段使っているお金や、電子マネーと同じように利用することができるのです。

　それにもかかわらず銀行などの公的な第三者がいない……。お金と同じように送金したりできるのに、それを仲介して管理してくれる機関がないと聞くと、ちょっと不安に思うかもしれません。

　「不正やズルをしたりする人はいないの？」「システムがトラブルでストップしたりしないの？」といった疑問や不安が沸いてくるのが普通でしょう。

　確かに、誰かが仲介や管理をしてくれないなかで、不正を排除し、システムが止まらないようにすることはこれまでは半ば不可能でした。

　それを、これまでにあった技術の新しい組み合わせ、アイディアでそうした問題を解決したのがブロックチェーンです。

1-4 仮想通貨の取引システム

これまでの中央集権型管理

日本円などのお金

政府や銀行が管理

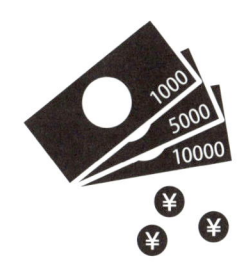

ブロックチェーンによる分散型管理

ビットコインなどの仮想通貨

管理する組織はない

ブロックチェーンという技術がシステムを実現

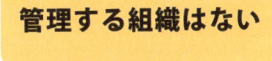

- 不正を排除
- システムが止まらない

ビットコインとブロックチェーンそれぞれの定義

🔗 それぞれ2つの定義があり、混同しないようにする

　ビットコインとブロックチェーンにはそれぞれ2つの意味があります。ビットコインでは、**「仮想の通貨としてのビットコイン（bitcoin）」** と **「送金システムそのものを指すビットコイン（Bitcoin）」** の2つです。以前から業界関係者の間では頭文字のBが大文字か小文字かで使い分けてきましたが、明確にそうであると定められているわけではありません。

　送金システムそのものを指すビットコイン（Bitcoin）は、いわば世界共通の送金ネットワークです。このネットワークは誰でも参加が可能です。このネットワークに参加することで、ビットコインを送りたい相手に送金することができます。

　そして、このネットワークには、ビットコインが取引を開始されたときから現在に至るまで、すべての送金に関する取引記録が共有されています。**その取引記録を指すのが1つめのブロックチェーンです。** ビットコインの送金ネットワークでは、「太郎から花子に1ビットコイン送金」といった送金に関する取引記録が過去から現在まで時系列で記録されています。送金記録は複数件が1つのブロックとしてまとめられ、それをチェーンのようにつなぎ合わせていくことからブロックチェーンと呼ばれます。ビットコインの送金記録であるブロックチェーンは **「ザ・ブロックチェーン」** と呼ばれることもあります。

　もうひとつのブロックチェーンは、技術の概念としての総称です。ビットコイン などの仮想通貨以外への応用を目指して **「ブロックチェーン2.0」** ともいわれます。技術の概念としてのブロックチェーンは、従来から存在する複数の技術を元にして構成されます。それら必要な構成技術も含めて「ブロックチェーン」、あるいは「ブロックチェーン技術」と呼んでいるのです。

1-5 用語の定義

Bitcoin

ビットコインのしくみ
全体を指す言葉

bitcoin

仮想通貨そのものの
ビットコインを指す
言葉

（ビットコインの）ブロックチェーン

ビットコインの
取引記録

（技術概念としての）ブロックチェーン

技術の概念として
ビットコイン以外への
応用も検討

ブロックチェーン1.0

仮想通貨

ブロックチェーン2.0

仮想通貨以外の
応用

●株式　●ローン
●クラウドファンディング

1-6 特定の管理者がいないことのメリット①

ブロックチェーンは別名「分散型取引台帳」とも呼ばれることを先述しました。**この「分散型」というのがポイントです。**

通常、みなさんがお金を送金する場合は、いつも利用している銀行を通して、相手の銀行口座に送金を行います。同様に、例えば自分が持っているバッグを誰かに売りたいとしましょう。売る相手が、よく知っている仲の良い友達であれば、直接交渉をして、うまく値段などが折り合えば手渡しでバッグを渡し、その引き換えに代金を受け取ります。

しかし最近では、ネットオークションやフリマアプリにバッグを出品することが増えました。バッグを売却してその代金があなたの手元にやってくるまでにはいろいろな業者が、「あなた」と「あなたのバッグが欲しいあなたが知らない誰か」の間に入り、取引をサポートしてくれます。その対価としてあなたは手数料をそれぞれの仲介業者に支払っています。これはいわゆる「中央集権型」の取引方法です。

この取引をビットコインで行えば、あなたが誰かに送金する際は、銀行などの仲介は必要としません。仲介業者がいなくても、安心安全に送金してくれます。つまり仲介業者を"中抜き"しています。

ビットコインは、特定の第三者を設けない代わりに、ビットコインのしくみに参加する全員がそのしくみを支えあっています。これが「分散型」と呼ばれている理由です。

分散型管理によって、中央集権型の仲介業者や管理者が不要になることで、従来よりも不正や改ざんがしにくいしくみを安価に実現できるのです。

そのため、ビットコインで送金を行う際は、通常の銀行の海外送金などに比べて格安の手数料で送金を行うことができるのです。

1-6 ブロックチェーンがもたらす"中抜き"のインパクト

相手にお金を送金する場合

手数料

仲介

銀行など

バッグを売却する場合

手数料

仲介

ECやフリマアプリなど

仮想通貨を送金する場合

格安の手数料

特定の仲介者は存在しない

1-7 特定の管理者がいないことのメリット②

🔗 不特定多数の参加者によりシステムが止まらない

仲介者を不要とする分散型のメリットがもう1つあります。それは、**「ゼロダウンタイム」** の実現です。**ゼロダウンタイムとは、システムやサービスが停止している時間がないことをいいます。**

みなさんもインターネットサービスを使っていて、システムがダウンしてサービスを利用できなかった経験や、そういった出来事をニュースで見聞きしたことがあるでしょう。

中央で管理するシステムの場合、その管理者に何かトラブルがあるとシステム全体が影響を受けます。当然、管理者もたった1つの体制で管理や運営をしているわけではなく、多少のリスク分散を行っています。

ただし、そのリスク分散も中央の管理者の管理下での対応です。中央集権型の場合は、こうしたリスク管理も含めて、その維持にどうしてもコストを要しますし、完全なゼロダウンタイムの実現は極めて困難です。

一方、ビットコインはどうでしょうか？

ビットコインは2009年の取引開始以降、現在までそのシステムが停止したことはありません。世界中で送金を行える巨大なネットワークが、一度も止まることなく動き続けているのです。

ビットコインのしくみはオープンになっていて、誰でも参加が可能です。その不特定多数の参加者が支えあうことで、リスクを分散しています。参加者の一部に何か問題が発生しても、代わりにしくみを維持できる人たちがたくさんいるからです。

ビットコインのシステムが止まるとした場合、現実的ではないですが、その参加者すべてに問題が発生したり、誰も参加しなくなること以外には考えられません。

1-7 ゼロダウンタイムの実現

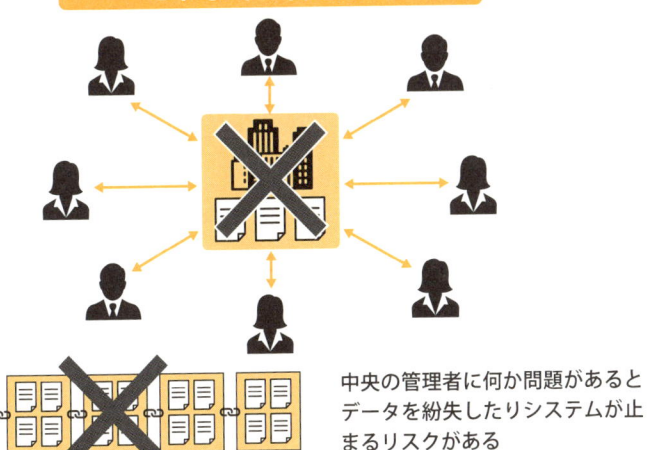

これまでの管理方法

中央の管理者に何か問題があると
データを紛失したりシステムが止
まるリスクがある

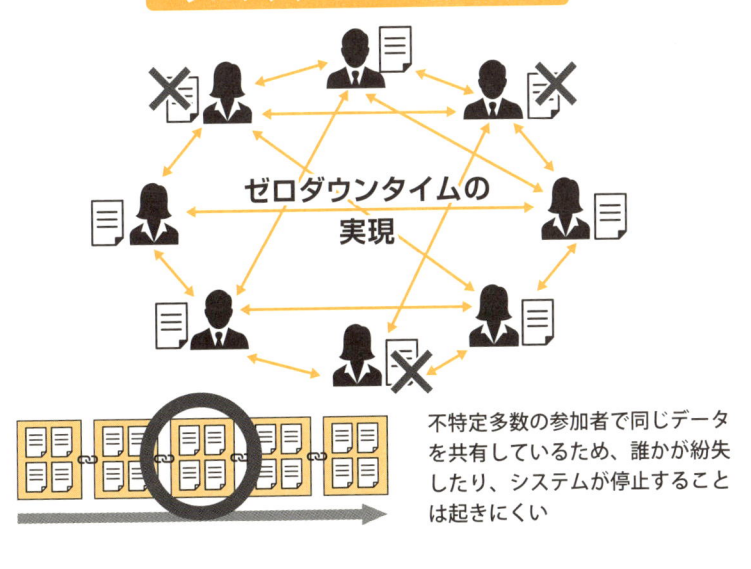

ブロックチェーンの管理方法

ゼロダウンタイムの
実現

不特定多数の参加者で同じデータ
を共有しているため、誰かが紛失
したり、システムが停止すること
は起きにくい

正直者が得するシステム

🔗 不正に多大な労力を要する経済合理性のしくみ

　ビットコインは、「人々の欲」を活用したしくみになっています。台帳の検証作業を一番速く行うことでビットコインがその作業者（「マイナー」）に支払われる競争システムになっています。この作業を「マイニング」といいます。マイニングで報酬がもらえるとしても、システムを大規模に改ざんしたりすれば儲かると考える悪意を持つ者もいるかもしれません。

　実はこのマイニング作業にポイントがあります。マイニングは競争形式です。送金リクエストの情報の中には、膨大かつ難解な計算問題が含まれています。その計算問題をいち早く解けた人が、マイナーとして報酬を貰い、送金リクエストの検証作業を完了させることができます。

　これを**「プルーフオブワーク（PoW：作業量の証明)」**と呼んでいます。**PoWでは、膨大な計算問題を処理する必要があるため、それに応じたコンピュータの処理能力とリソース（膨大な電気代やサーバコストなど）が必要となります。**加えて、先述したとおり、送金の取引記録はチェーンのように過去から現在までつながっています。この計算問題というのは、過去の取引記録とも関連付けがされています。

　もしあなたが悪意ある参加者で、ビットコインの取引記録であるブロックチェーンの改ざんを試みたとしましょう。すると、ただでさえ難解な計算問題に加え、それに関連した過去の取引記録とその計算問題まで再計算する必要があります。これには相当のコンピュータのリソースが必要です。もしあなたにそれだけの能力があるとすれば、不正を行わずに、善意のマイナーとしてマイニングに参加したほうが、経済合理性があります。**こうしたブロックチェーンにおけるPoWを含めた一連の承認作業のしくみを「コンセンサスアルゴリズム」（108ページ参照）と呼んでいます。**

1-8 コンセンサスアルゴリズムの考え方

**真面目に参加したほうが得する
しくみになっている**

不正行為
をする

＜

マイナーとして
検証作業をする

正しい参加者との競争に加え
て、不正のためのコストと時
間がかかる

→それだけの能力があれば正
　しくマイニングに参加した
　ほうがコインを獲得しやす
　い

PoWという競争を経て
コインを獲得

従来からある技術を活用

1-9

　ここまでビットコインを例にブロックチェーンについて紹介してきました。まずはブロックチェーンの特徴について振り返ってみましょう。

●**中央集権ではなく、分散型の管理方法**

●**不正や改ざんに強い**

●**ゼロダウンタイムを実現**

　ブロックチェーンは、中央に管理者や仲介者を置くことなく、不正や改ざんに強い実質的にゼロダウンタイムのしくみを安価に構築することができるといわれています。

　そして、これらを実現させるために、「枯れた技術」といわれる従来から存在している、次のような技術を活用しています。

> ●**P2Pネットワーク**←102ページ参照
> ●**暗号技術（ハッシュ・電子署名）**←104、106ページ参照
> ●**コンセンサスアルゴリズム**←108ページ参照

　の3つです。それぞれの技術の詳細は第4章で説明します。

　ここで指しているのはいわゆるビットコインを支える技術としてのブロックチェーンです。ビットコインという世界共通の送金・決済システムを実現させるために適用された技術ともいえます。

　しかし、これらの特徴やそのメリットは、決してビットコインなどの仮想通貨やFinTechにのみ当てはまるものではありません。契約や取引などにかかわる、金融以外のあらゆるサービスやビジネスに活用ができるものとして、大きく期待されているのです。

1-9 「枯れた技術」を活用している

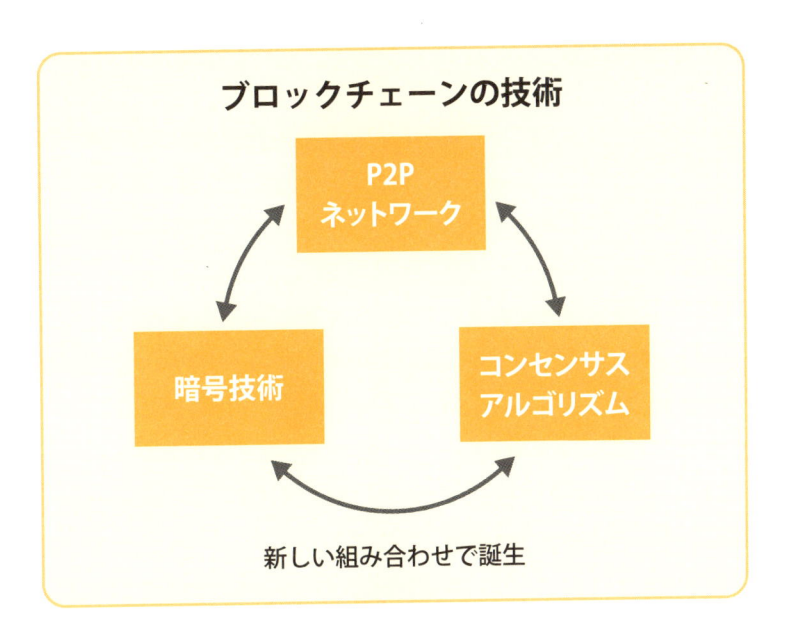

ブロックチェーンの技術

P2P
ネットワーク

暗号技術

コンセンサス
アルゴリズム

新しい組み合わせで誕生

実現

ブロックチェーンの特徴

1 中央集権ではなく、分散型の管理方法

2 不正や改ざんに強い

3 ゼロダウンタイム

活用が期待されている分野

🔗 遊休資産の活用、シェアリングエコノミー等

ブロックチェーンに関する定量的なデータや調査はまだ少ないのが現状です。それもそのはずで、ビットコインというこれまでにない通貨が世間から認知されたあと、それを支えるブロックチェーンが注目を集めたにすぎないからです。

そのようななかで参考となるのが経済産業省によるブロックチェーンに関する国内外の動向調査です。その調査の中で、ブロックチェーンが影響を及ぼす国内の市場規模は67兆円と推計されていると先述しました。

同調査では、ブロックチェーンが、既存の金融サービスや取引のみならず、IoTやシェアリングエコノミーといった比較的新しい分野も含めて、非常に幅広い活用の可能性があるとしています。

まず期待されていることが、**遊休資産の活用や効率的なシェアリングの実現**です。資産の権利移転や評価に関する情報をブロックチェーン上に記録するといった活用により、13兆円の市場規模と予測しています。

次に、**取引やプロセスの全自動化による効率化への期待**です。取引の契約条件や履行内容、将来発生するプロセス等をブロックチェーン上に記録することで、20兆円の市場規模と予測しています。

最後が、**オープンで高効率・高信頼なサプライチェーンの実現**です。製品の原材料から製造過程と流通・販売までの一連の流れをすべてブロックチェーン上で管理することで、32兆円の市場規模になるとしています。

ブロックチェーンが影響を与える市場規模が日本市場だけでも、相当の大きさであることがわかります。

ブロックチェーンは取引やそのプロセスに関係することから、業界や業務を限定することなく、幅広い活用が期待されている表れです。

1-10 ブロックチェーンの活用分野

金融系

ポイントサービス

資金調達

コミュニケーション（SNS等）

資産管理

ストレージ（データの保管）

認証

シェアリングサービス

商流管理（サプライチェーン等）

コンテンツ（著作権管理等）

将来予測 未来予測

公共施策・サービス

医療

IoT

スタートアップに集まる投資資金

こうしたなか、**ビットコインやブロックチェーンを活用して新たな取り組みを開始する企業が登場しています。その中心となっているのが「スタートアップ」と呼ばれる新興企業たちです。**スタートアップは、独自の技術やビジネスアイディアを生かして、社会やユーザーの問題解決を行い、ビジネスを急成長させることをミッションとしています。

しかし、スタートアップの多くは事業資金不足で、加えて過去の実績も無いことから融資等による資金調達は簡単ではありません。そのためベンチャーキャピタルなどの投資家から資金を調達し、その出資額に応じて自社の株式を受け渡します。

スタートアップが成長を遂げて株式公開（IPO）をするか、大手企業に買収された場合に、投資家はリターンを得ることができるしくみです。ただしスタートアップが順調に成長できなかった場合や、経営破綻をしてしまえば投資家の損失となります。

そのため、ブロックチェーンのみならず、あらゆるトレンド、キーワードの領域でどのようなスタートアップが誕生し、それらの企業にどの程度投資資金が集まっているのかを見ることは、その動向と盛り上がりを知るうえで重要な情報源となります。

米国のリサーチ会社VentureScanner社によれば、2017年5月までにビットコイン・ブロックチェーン領域のスタートアップによって24億ドル以上の資金調達が実施されたとしています。

こうして資金とアイディアが集まることで、ビットコイン以外のサービスが誕生し始めています。ただし、大成功を収めた事例がまだないため、ブロックチェーン活用ビジネスはこれからというところでしょう。

1-11 投資資金はどこに活用されるのか？

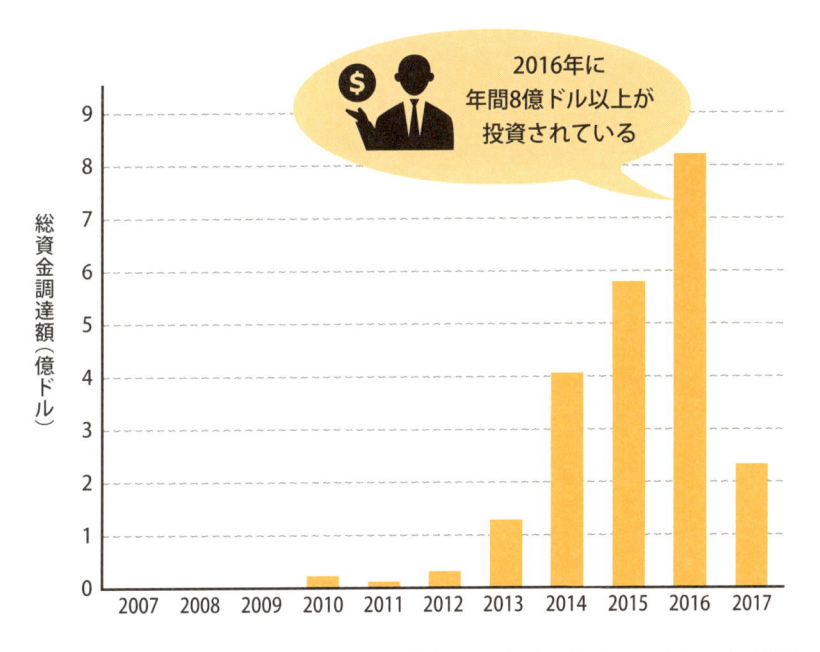

出所：https://www.venturescanner.com/blog/2017/blockchain-technology-funding-trends-through-q2-2017
をもとに作成

1-12

2種類あるブロックチェーン

ブロックチェーンには、大きく2つの種類があります。**「パブリックブロックチェーン」** と **「プライベートブロックチェーン」** です。

ビットコインのブロックチェーンのようにオープンで誰でもアクセスできるのか、それともクローズドなプライベート領域で特定の人しかアクセスできないのか、という違いです。

誰でもアクセスできるということは、その中に悪意を持つ者が紛れ込む可能性があり、それを前提としてシステムを運営する必要があります。こうした悪意ある参加者に不正を働かせないようにするために、先にも説明したプルーフオブワークというコンセンサスアルゴリズムを用いて、厳しく承認作業を行うのです。

ただし、そうすることで、**ビットコインの取引の承認にはおよそ10分という時間がかかります。** ビットコインではこの10分というのは許容された時間ですが、他の取引やシステムに活用しようとするとこの10分という時間が足かせになる場合があります。

こうしたパブリック型のブロックチェーンの弱点を克服し、ビットコイン以外の活用を目指すために生み出されたのが、プライベートブロックチェーンです。

例えば、ある会社で社員しか参加できないブロックチェーンを作ったとしましょう。不特定多数の人たちにブロックチェーンを公開するよりも、参加者を限定することで悪意を持つ者が紛れ込むリスクを抑えることができます。すると、厳しいコンセンサスアルゴリズムを課す必要がなくなり、よりスピーディーな取引が実現できるようになるといった利点が生まれます。

なお、より厳密な分類については116ページを参照してください。

1-12 パブリック vs プライベート

ブロックチェーン

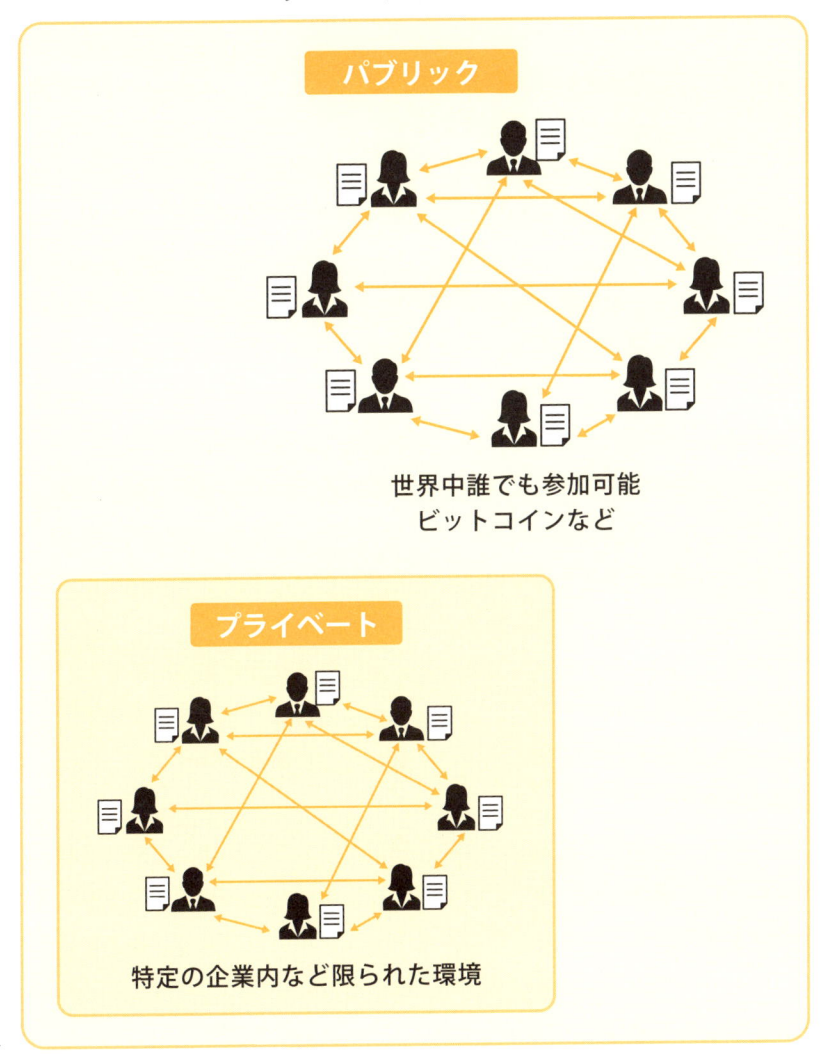

パブリック

世界中誰でも参加可能
ビットコインなど

プライベート

特定の企業内など限られた環境

1-13 いまブロックチェーンを知ることの意義

🔗 これからのビジネスの本質を考える機会

第1に、ビジネスチャンスとしての視点です。 ブロックチェーンは有望な技術であると期待されながら、まだスタートしたばかりです。

しかしながら、多くのビジネスに関係し、IoTやシェアリングといった新しいトレンドとの融合も含めて、様々な分野での活用が期待されています。新しい企業やプロジェクトには資金や人材も集まり始めています。

もしあなたが新規事業の担当者や起業家であるならば、ブロックチェーンがもたらす新たなインパクトや本質を見極め、これまで解決できなかったようなビジネスにおける問題や、ユーザーのニーズとブロックチェーンをうまく組み合わせることで新たなビジネスを創出できるかもしれません。

第2に、私たちの仕事のあり方を変えるかもしれないという視点です。 ブロックチェーンは分散型のしくみで、取引における"仲介者"を中抜きします。世の中のビジネスやサービスの多くは、仲介者を通じて現時点における最も便利で効率的なしくみが構築され、運営されています。

しかし、ブロックチェーンの登場によってさらに便利で効率的なしくみが構築されたり、これまで効率化が進まなかった領域で活用できたとすると、従来の仲介者的な役割を担っていた企業やその仕事はブロックチェーンに置き換えられてしまうかもしれません。

これまで、私たちの社会は、人や企業が互いの取引を通じて経済活動を創出・拡大してきました。そこには中央集権型の仲介者が存在し、取引における信用を補完していました。ブロックチェーンという技術は、第三者の介在なしに、分散型の取引において技術で信用を補完しました。これまでにない概念としくみを通じて、「取引とは何か？」「信用とは何か？」といったビジネスの本質を、私たちに問いかけているのです。

1-13 仕事のあり方を変える!?

取引や信用の
新しい概念を
実現

IoTや
シェアリング
エコノミー
への活用

ビットコイン
以外の
事例増加

仮想通貨以外への
活用を目指した企業・
実験プロジェクトの誕生

ビットコイン・
ブロックチェーン
の誕生

これまで　　　　これから

この流れに乗る者がチャンスを得る！

前提の変化に対応できるか!?

　ブロックチェーンがインターネット以来の革命だと評価する人は少なくありません。確かに冷静に考えてみると、政府や銀行を介さずに「ビットコイン」という世界共通の通貨、決済システムを構築したことは、改めて評価されるべき技術革新といえます。

　ビットコインや、ブロックチェーンは基本的にはインターネットが無ければ利用することはできません。インターネットの延長線上にあるからこそ、インターネット登場以来の革命といえるのかもしれません。

　インターネットの登場によってあらゆる「前提」が変化しました。私たちはお店に足を運ばなくても、ベッドの中や移動中の電車の中でインターネットショップ上で欲しいものを探し、選び、購入することができます。

　私たちの生活スタイルや価値観はこれまでの前提とは異なる新しいものとして変化をしてきました。当然、ビジネスを展開する企業も、これまでの前提となる競争環境や事業環境は絶えず変化しています。

　前提が変わるとき、変化にさらされる既存体制の側にいるのか、変化をもたらす側にいるのか、自らの立ち位置によってその後の行動は変わってきます。

　ブロックチェーンの登場がもたらした「前提」の変化は、インターネットがもたらしたそれより遥かに大きいのかもしれません。

　その変化が大きいからこそ、ブロックチェーンの普及には大きなハードルがあるのも事実です。

　変化を求められる業界やサービスの規模が大きいほど、関係者の数も多く、その移行には膨大な手間や時間、コストがかかる場合があります。

　ただし、そういった変化に逆らうことはできません。時間がかかる場合でも徐々に変化の波は浸透していくことが想定されます。

　それがスタートアップなのか、大企業なのか、または個人が起点となるのか。先進国からなのか新興国からなのかはわかりません。事実、あらゆる規模の企業や国がブロックチェーンに取り組んでいるため、今後の動向に注目です。

第 2 章

ブロックチェーンの特性とは？

ブロックチェーン活用の心がまえ

🔗 特徴を活かせる問題特定がポイント

　ブロックチェーンが私たちの生活やビジネスにどのような変化をもたらすのか？　それを考えるうえでブロックチェーンの特徴やメリットを理解し、それがどのような問題解決に役立つかを事前に知る必要があります。第1章で説明した主なメリットは次の3点です。

　①中央集権ではなく、分散型の管理方法

　②不正や改ざんに強い

　③ゼロダウンタイム

　これらのメリットを最大限活用するには、どのようなサービスや業務にブロックチェーンを活用すればいいのか、様々な企業やスタートアップが開発や実験を行っているので、そうした事例から学ぶのはひとつの手段です。

　そしてここで大事なことは、「ブロックチェーンありき」ではなく、今のビジネスやこれから取り組もうとしている事業をさらに良くするために使える技術かどうかという視点です。

　つまり、**ブームだからといって飛びつくのではなく、現状をより良くするための「手段」として使えないかと考える視点です。**

　この前提に立ち、ブロックチェーンが私たちの生活やビジネスのどのような不便や不満、問題の解決に役立つのか、発想を膨らませることです。

　これはインターネットをイメージするとよくわかるのではないでしょうか。インターネットが登場したとき、画期的な技術らしいから何かインターネットを使ってビジネスをしようと考えるよりも、いま携わるビジネスがインターネットでどう変革できるのか、そう考えて試行錯誤した人が小さく始めたことが大きく花開いたのです。**ブロックチェーンも同様に、何のための「ツール」なのかを考えることが大切でしょう。**

2-1 ブロックチェーンの活用は目的ではなく手段

Problem（目的）
- 誰が何に困っているか

Market
- 困っている人や企業はどのくらいいるのか

Solution（手段）
- どうやって解決するか
- 独自性や優位性をどう確保するのか

顧客の最重要課題は？

叶えたいニーズは何？

現在顧客はどうしているか？

誰が困っている？

解決策としてブロックチェーン！

Problem（目的）
- 誰が何に困っているか

Market
- 困っている人や企業はどのくらいいるのか

Solution（手段）
- どうやって解決するか
- 独自性や優位性をどう確保するのか

ブロックチェーンを使おう！

中央集権ではなく、分散型の管理！

不正や改ざんに強い！

ゼロダウンタイム！

誰が使うの？

2-2 ブロックチェーンの有用性①
コスト低減と感情的反発の解消

🔗 分散型管理がもたらしたメリット

中央集権型の管理から分散型管理の移行のメリットのひとつに、コストの低減が挙げられます。

提供者視点では、システムそのものの構築費用を分散させる、あるいは外注することで低減させることが可能となります。

利用者視点では、仲介者がいなくなることによる手数料がなくなり、全体のシステムコストもサービスに転嫁されずに済みます。

ただしこうしたコストに関する議論は、既存のシステムの状況や移行コストなどを含めて細かく検証する必要があり、必ず安くなるとは限らない点に注意が必要です。

そしてもうひとつのメリットは、中央集権型の管理に対する利用者側の感情的反発の解消です。

世の中のサービスの多くは中央集権型の管理で、多くの人たちが便利なサービスを利用する代わりに、個人のデータや利益は管理する企業や組織に集約されていきます。また、政府が発行する通貨に関しても、政府に対する不信や、監視に対する不満から中央集権が好ましくないと考える人たちも少なからずいます。

いわば、そうしたみなさんの権利を、ブロックチェーンによって個人や企業の手に取り戻すこともできます。一方で、「現状がとても便利だし、データや利益を多少取られていたところで問題はない」と考える人が世界中で多数いることも事実です。

まさに技術的特徴が、メリットになるかどうかは、利用者の不満や不便によって変化するといえるのです。

2-2 ブロックチェーンのメリット

コストの削減

提供者 利用者

どちらにもメリット

誰かに管理されない

- 自分のデータは自分で管理したい
- 取引内容を監視されたくない
- 自由に直接取引がしたい　など

中央集権型の体制に不満を持つ人々もいる

2-3 ブロックチェーンの有用性②
不正や改ざんのないデータ共有

🔗 安全対策の低コスト化が実現できる

ブロックチェーンの構造上、データの不正や改ざんに強いことが特徴の1つに挙げられます。

　それも、ビットコインのように不特定多数の人々が利用する状況において、特定の企業や組織が管理していないにもかかわらず、不正が発生しないのです。これはブロックチェーンの最大の特徴ともいえます。

　私たちは、お互いによく知っている人同士と情報の交換や取引をしていてはその範囲に限界があります。しかし、現在の世の中にはあらゆる仲介サービスを介して、より多くの、世界中の人々とやりとりできるようになりました。

　ただし、取引が拡大し、参加者が増えるほど、不正やセキュリティの対策は大変になっていきます。もし誰も管理をする人がいなくなってしまえば、すぐに不正が発生し、取引はストップして成立しないことでしょう。

　ブロックチェーンは、その技術によって、不特定多数のオープンな環境でも、事実上不正や改ざんができないしくみを生み出すことに成功しました。

　また、それをもしも低コストで作れるとしたら、活用できる場面はたくさん生まれます。

　これまで、中央集権型の管理を前提としていて、コストが高いことでしくみ化できなかったようなサービスやビジネスでの活用が想定されます。

　不正や改ざんされては困るような大切なデータを、参加者同士で安全に共有できたら便利ですよね。

　こうした特長から、**安全上の理由からセキュリティや不正対策に費用を要し、システム化できていなかった領域にブロックチェーンを活用する動きが出てきています。**

2-3 安全対策＋低コスト＝活用拡大

取引の規模が拡大するほど
不正やセキュリティ対策が必要

維持コスト

取引規模

従来のしくみよりも低コストで
安全対策が実現できる

2-4

ブロックチェーンの有用性③
システムのゼロダウンタイム

　ふだん仕事で使っているパソコンがネットワーク障害でそれまで入力したデータが消え去り修復できなかったようなことはないでしょうか。こうしたことがたびたびあると、時間のムダでもあるし、ストレスにもなります。そういえば、かつて銀行の合併に伴うシステム統合がうまくいかず、ATM機が一時使用不能というトラブルがありました。入出金ができなくなれば、大変困ったことになることは、こうしたことからもよく理解できるのではないでしょうか。

　私たちが普段利用しているサービスが突然使えなくなることほど不便なことはありません。だからこそ、みなさんがよく利用している金融サービスは、システムの障害などで止まることがないよう、多大なコストをかけて日々メンテナンスや監視を行っています。

　他にも止まってしまうと困るサービスは、あらゆる工夫やコストをかけてリスクが最小化するように維持されています。

　すでに述べたように、ブロックチェーンは分散型の管理によって、そのデータを不特定多数の参加者と共有しています。仮に参加者の一部に障害や故障が発生しても、他の参加者が正常に作動していれば動き続けます。

　分散型の管理をすることで、事実上、システムが停止している時間がゼロの「ゼロダウンタイム」を実現しています。

　世界中にネットワークが広がった結果、政府や企業、金融機関がサイバー攻撃を受けてシステムがダウンしたり、サービスが停止するといったことは日常茶飯事です。その被害規模は様々ですが、取引量や取引データの価値が重要であればあるほど、インフラへの影響も甚大となり、社会的に大問題になりかねません。

2-4 システムが止まらないメリット

従来のシステム

システム
メンテナンス

システム
障害

サービスを利用できない時間がある

ブロックチェーン

24時間/365日
利用可能

いつでも利用可能
障害等で停止することもない

2-5 ブロックチェーンの有用性④
契約や決済の自動化

🔗 利用者同士が直接取引できる可能性

　ブロックチェーンで注目を集めているのが、**「スマートコントラクト」**です。**スマートコントラクトとは、取引における契約内容の確認と実行をプログラム上で自動で行うための取り決めです。**コントラクト（contract）とは契約のことですので、契約をスマートに行うしくみという意味です。

　取引プロセスそのものを人の手を介さず自動化できるため、透明性の向上、決済期間の短縮や不正の防止、コスト削減などが期待できます。**ブロックチェーンとスマートコントラクトを組み合わせることで、利用者同士が非中央集権的に直接取引できるようになります。**

　スマートコントラクトの概念はブロックチェーンよりも古く、1990年代にニック・ザボーという学者によって提唱されています。

　実はスマートコントラクトのしくみは私たちの身の回りにも既に使われています。「自動販売機」がそうです。「利用者が飲料の購入に必要な金額を自動販売機に投入する」「購入したい特定の飲料のボタンを押す」という契約条件が満たされた場合、「選択された飲料を利用者に提供する」という契約が実行されます。飲み物を取引するという契約が自動で処理されています。

　スマートコントラクトで取引、契約を自動化し、ブロックチェーン上で登録することができれば、世の中の様々な取引への応用が期待できます。

　ただし、スマートコントラクトでは、契約内容やその条件を事前に定義してプログラミングする必要があります。その定義に誤りがあったり、取引中にバグが発生し誤った契約内容で契約が完了するというリスクもあります。そうしたリスクや課題についての対策も現在多くの企業が取り組んでいます。

　こうした問題の解消によって、近い将来、スマートコントラクトによって取引の契約と決済がすべて自動化される世界が訪れるかもしれません。

2-5 人手を介さず自動で取引!?

スマートコントラクト

取引における契約内容の確認と実行をプログラム上で
自動で行うための取り決め

スマートコントラクトの流れ

| ① 契約内容の 事前定義 | ② イベント発生 | ③ 契約執行 価値移転 | ④ 決済 |

自動販売機の場合

| ① ジュースの金額 と選択ボタン | ② お金を入れる | ③ ジュースを 選択する | ④ ジュースが 出てくる |

スマートコントラクトの特徴

● 仲介業者が存在しない
● 取引記録がすべてブロックチェーンによって行われる

システム導入時の判断ポイント

適用対象のサービスやシステムの現状を考慮する

　ブロックチェーンの導入を考える際に、ブロックチェーンの適用対象の
サービスやシステムの現状を考慮する必要があります。

　**既存のシステムを置き換えて作り直すのか、あるいはゼロからブロック
チェーンで作るのか、という選択肢です。**

　ブロックチェーンは、私たちがこれまで常識としてきた取引の方法、情報
の管理や共有の方法とは大きく異なる革新的なしくみです。

　すでに世の中にある取引のシステムは現時点で最も効率が良く、安全に行
えるように構築されている場合がほとんどです。そこにはIT以外にも、実
際にそれを利用する人材のスキルやノウハウなど様々な要素が組み合わさっ
ています。

　ブロックチェーンの安全性やコスト削減を活かすために、それらのシステ
ムからブロックチェーンに移行する場合には様々なコストがかかります。現
在はそれらの移行コストも含めた有効性が数多く検証されています。

　置き換え型の場合、すでに大規模なITシステムが構築されている組織は
小回りがきかないことに注意が必要です。すべてのシステムにブロック
チェーン技術を導入するとなると相当なコストがかかることがあります。一
般にリリースされているブロックチェーン技術そのものは安価であっても、
その技術をシステムに1つ1つ組み込むとなると相当な作業量になり、照明
をLEDに置き換えるのと同じようにその分コストもかさみます。

　その一方で、新規創出型はこれからシステムを構築しようとするときに
ネット環境さえ整っていれば、ブロックチェーン技術を利用することで安価
に導入することができます。よって、これまでIT化できなかった領域にこ
の技術を活用することは有効な方法のひとつといえます。

2-6 置き換え型か新規創出型か

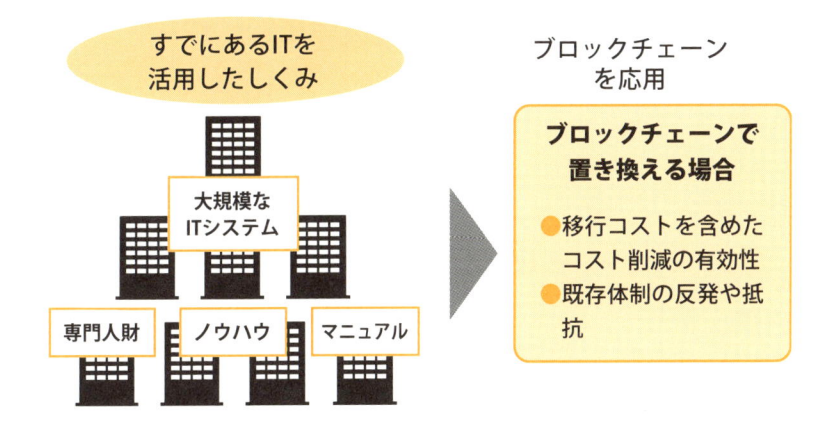

置き換え型

すでにあるITを
活用したしくみ

ブロックチェーン
を応用

大規模な
ITシステム

専門人財　ノウハウ　マニュアル

**ブロックチェーンで
置き換える場合**

- 移行コストを含めた
コスト削減の有効性
- 既存体制の反発や抵
抗

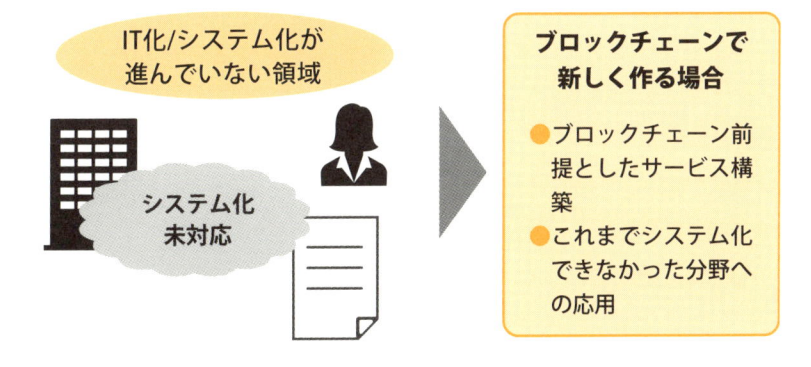

新規創出型

IT化/システム化が
進んでいない領域

システム化
未対応

**ブロックチェーンで
新しく作る場合**

- ブロックチェーン前
提としたサービス構
築
- これまでシステム化
できなかった分野へ
の応用

いずれの場合も、既存システムや
サービスとの連携がポイントになる！

解決すべき３つの課題

🔗 拡張性、処理速度、情報の透明性の３つの課題

　ブロックチェーンは将来性が期待される一方で、現状のところ、万能な技術ではありません。いくつかの課題があり、それを克服するための研究・開発が活発に行われています。

　ここでは、ビットコインのブロックチェーンを前提にして、その特徴から現時点において苦手とする点について紹介します。

①スケーラビリティ（拡張性）

　スケーラビリティ（scalability）とは、一度に大量の取引データをどれだけ処理できるかということです。ブロックチェーンは不特定多数の参加者が取引データを検証、承認しています。そのため、１つのブロックで処理できるデータ量は１メガバイトに制限されています。大量のデータを即時に処理する取引への応用には課題を残しています。

②処理速度

　スケーラビリティの課題は処理速度の課題ともつながります。ブロックチェーンはその特性上、一定期間の取引を「ブロック」としてまとめます。そのため、取引データの確定に一定の時間を要します。ビットコインでは１つの取引に10分程度要します。利用サービスによって許容できる所要時間が異なってきます。

③情報の透明性

　ブロックチェーンは不特定多数の人がアクセスすることで、台帳に記録されている情報は誰でも参照することができます。これは透明性を確保している一方で、秘匿性の問題が生じます。ビットコインのブロックチェーンの場合は、一旦所有者を特定できると、過去の取引履歴からその情報を確認することが可能です。

2-7 ブロックチェーン活用に向けた課題

ブロックチェーンの課題

1 スケーラビリティ（拡張性）

1つのブロックで処理できるデータ量に限りがある

2 処理速度

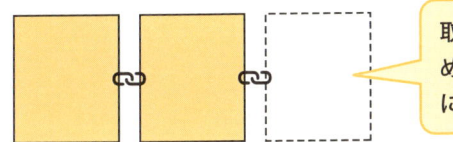

取引をブロック単位でまとめて追加するため確定までに時間がかかる

3 情報の透明性

ブロックチェーンの記録と本人情報が結びついた場合、秘匿性が無くなってしまう

2-8 課題解決の先の次のステージ

🔗 現在は2.0から3.0への移行段階

　ブロックチェーンは、ビットコインの適用事例をもとに、様々なユースケースが検討されています。そこには、メリットとデメリット双方を勘案し、適切な導入のあり方が各所で議論されています。

　ビットコイン以外のユースケースへの応用のために、日々新たなブロックチェーン技術が研究・開発されており、特定の問題を解決するための技術やサービスも誕生しています。

　ブロックチェーンは、活用の用途とそれに応じた変化として、現時点で大きく3つのステップに分類することができます。

①ブロックチェーン1.0（仮想通貨）

　ビットコインのブロックチェーンを起点とした第1世代を指します。ビットコインのほかにアルトコインと呼ばれる仮想通貨が数千種類あるといわれています。

②ブロックチェーン2.0（金融関連の活用）

　ビットコインなどの仮想通貨以外の金融関連の取引に関してブロックチェーンでやりとりできるようにする試みです。株取引などへの応用事例があります。

③ブロックチェーン3.0（金融関連以外の活用）

　金融関連以外の取引にブロックチェーンを活用する試みです。貿易や不動産取引、行政サービスなど金融以外の分野を指しています。

　まさに現在は2.0から3.0に移行している段階といえます。今後もそれぞれの分野で多様なユースケースが出現するとともに、技術的な課題の克服も進むと想定されます。

2-8 ブロックチェーン活用に向けたステップ

ブロックチェーン1.0（仮想通貨）

ビットコインをはじめとする
仮想通貨

ブロックチェーン2.0（金融関連）

株取引などの金融分野への活用

ブロックチェーン3.0（金融以外）

貿易や不動産取引、行政サービスなど
金融以外の分野

ネガティブな出来事から注目を集めた？

　大手取引所の破綻や仮想通貨に対する不正利用防止のための規制強化の議論とは別に、革新的技術としてブロックチェーンに注目が集まりました。日本においては2014年頃からFinTech（フィンテック）に対する注目も集まりはじめていました。2015年には経済産業省において、ブロックチェーンやFinTechに関する検討会がスタートしています。

　同年には日本のFinTechスタートアップによる業界団体「一般社団法人FinTech協会」が設立されました。2016年には新たにブロックチェーン推進協議会も設立され、業界の第一人者や新規事業を企画する大手企業の担当者、スタートアップの間では注目の技術として注目を集めるようになりました。

　いわば数年の間に、逆風と追い風を経験しているのがビットコインやブロックチェーンであるといえます。

　また、ネガティブな出来事から注目を集めたからこそ、技術の信用性や正確性にスポットライトが当たることになったともいえます。

　世の中の多くの人々は飛行機がなぜ飛ぶのか、車がどのようにして進むのか、インターネットがどのようなしくみで接続されているのか、といった技術的な構造を理解してサービスを利用している人はそう多くないと思います。

　ビットコインやブロックチェーンも同様に、作り手にならない人々にとってその技術的な構造はさほど重要ではありません。それにもかかわらず、まず技術ありきで話を始めないといけない状況になってしまったからこそ、よりその技術的特徴や強みが注目を集めたといえるかもしれません。

　ビットコインやブロックチェーンの取り組みには、起業家、スタートアップ、フリーランス、有志のコミュニティや勉強会、大手企業や中小企業、省庁などあらゆる組織が関与しはじめています。言い換えれば、興味がある人にはアクセスがしやすく、触れやすい世界ともいえます。

第 **3** 章

ブロックチェーンで何が
どう変わる？

3-1 暮らしやビジネスへの変化

仮想通貨「ビットコイン」によって広く知られるようになったブロックチェーンは、その活用事例の多くが金融に関連するサービスです。それは、ブロックチェーンの本質が、仲介者などを必要としない分散型のしくみにより、安全性や信頼性の高いデータの管理や取引を実現することにあるからでした。

このブロックチェーンの特質、つまり取引を分散型管理で行い、当事者同士が相互管理をし、システムダウンが起きない信頼性などのメリットを活用するサービスは今後続々登場してくるものと予測されています。

特に、私たちが「複雑な手続きで面倒」「関係者と情報共有をしたいけど安全性が確保できない」「顧客の本人確認などを類似した業界やサービスがそれぞれ別で行っていて効率が悪い」など、利用者と提供者がともに不便に感じているサービスなどには、画期的な技術です。

また、第2章で紹介した「スマートコントラクト」のしくみも含めて、ブロックチェーンを取り巻く技術の応用化が進めば、私たちの暮らしは大きく変貌していくことでしょう。それゆえブロックチェーンは「インターネット登場以来の画期的技術」といわれるのです。

そこで本章では、特に利用者がそのメリットを享受できる次の4つの分野について、具体的にどう変わるのかを紹介します。

1. **お金と金融サービス**
2. **取引とコンテンツ管理**
3. **IoTとシェアリングサービス**
4. **行政と医療サービス**

3-1 大きく4つの領域が変化する

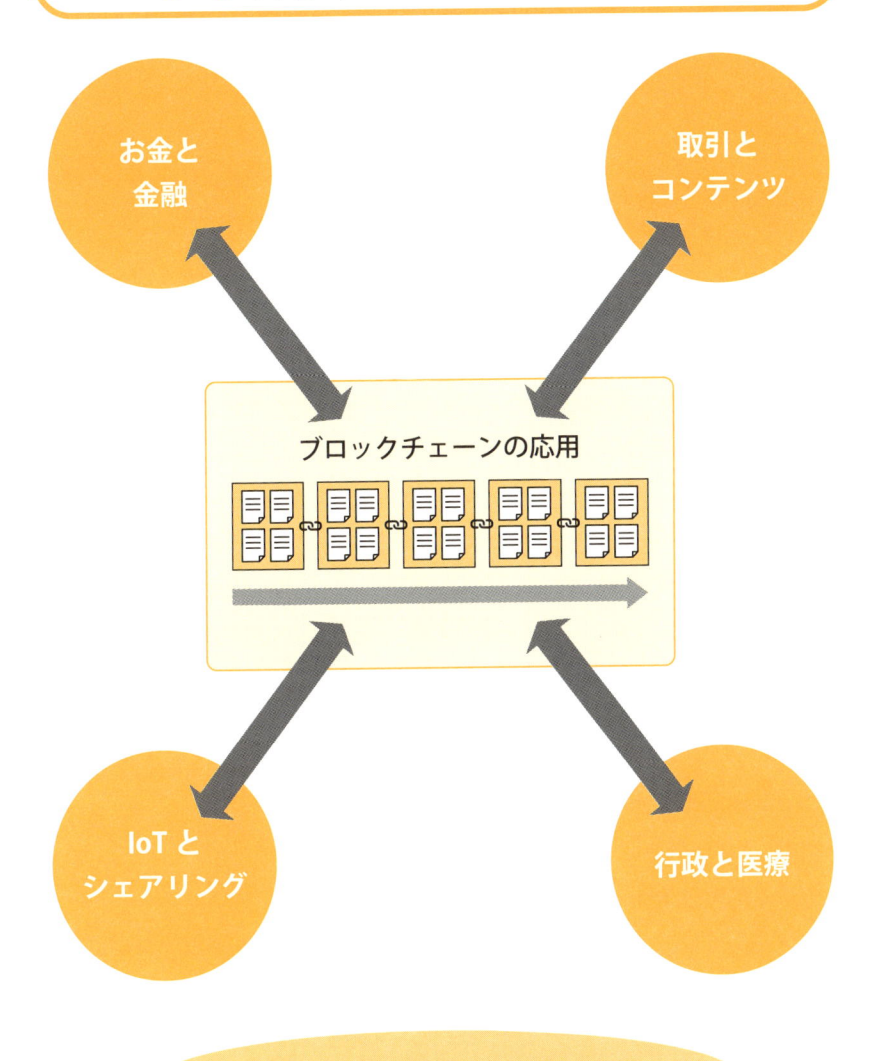

大きく4つの領域活用が期待される

3-2 お金と金融サービス①
FinTechとブロックチェーン

これまでの金融のあり方を大きく変えるであろうといわれるFinTech（フィンテック）。ITを活用することで既存の金融機関ではできなかった顧客に対するきめ細やかなサービスや低コスト化などを実現したことで、顧客本位に立ったサービスが続々登場しています。

すでに2000年初頭の米国では、オンラインの決済サービス、タブレットに小さなカードリーダーを装着してカード決済を提供するサービス、オンラインに特化した融資サービスなどのFinTechが登場しています。そして、世界中に金融危機をもたらした2008年のリーマンショック前後に金融サービスのあり方を問い直したことで成長を拡大させたといわれています。

ちょうどその同じ頃、ビットコインが誕生し、新たな通貨、決済手段として地位を築いていきます。**FinTechとビットコイン、ブロックチェーンはほぼ同じ時期に発展を遂げてきたということです。**

FinTechとブロックチェーンは共にインターネットを最大限に活用して金融分野に革新をもたらしています。FinTechの多くはITを活用して融資や送金、決済、資産運用といった金融サービスをそれぞれ顧客ニーズに合わせて提供しています。

そして金融機関は、FinTechに関連する取り組みの一環として、独自の仮想通貨の発行や、ブロックチェーンを活用した送金システムなどの開発に取り組んでいます。また、そうしたスタートアップへの投資も実施しています。

現状、ブロックチェーンと金融サービス、金融業界は切っても切り離せない状況にあり、ブロックチェーン技術の向上により、今後そのサービスはさらに強化されていき、私たち生活者も様々なメリットが享受できることになるでしょう。

3-2① 金融サービスとブロックチェーン

既存のサービス

金融機関がまとめて提供

- 決済
- 融資
- 送金
- 投資資産運用

政府や中央銀行・金融機関がまとめて提供

- 通貨
- 送金決済インフラ

新しいサービス

FinTech がそれぞれ提供

決済	モバイル決済
融資 / 投資	クラウドファンディング
送金	P2P 送金
投資資産運用	ロボアドバイザー（ロボットによる低価格の資産運用サービス）

ビットコイン ブロックチェーン

通貨	仮想通貨
送金決済インフラ	ブロックチェーンを用いた送金プラットフォーム

3-2 お金と金融サービス②
「信用」と「仲介」の役割

🔗 取引の根幹となること

　ブロックチェーンの技術によって仮想通貨が金融市場に台頭してきています。これにより、これまでの「金融」や「通貨」の常識が変わっていくと予測されています。これまでの金融は、金融機関などの法人が主体となり、その信用力でサービスが提供されています。しかし、これからは法人が中央集権的に運用するのではなく、個人間でサービスのやり取りができるようになります。

　ところで、「金融」や「通貨」とはそもそもどのような役割があるのでしょうか？

　よく金融は、経済を動かすために循環している血液に例えられます。モノを生産したりサービスを提供したりする一方、それを消費することで経済活動は回っていきます。この回転速度が早まることで経済は成長していきます。その経済を支える根幹が貨幣による決済です。**まず第1に、金融にはこうした決済の役割があります。**

　2つめの役割に、お金の貸し借りがあります。経済活動を行うなかで、お金（貨幣）をたくさん持つ主体（企業や個人）と不足している主体が出てきます。たくさんお金を持つ資金余剰主体は、資金不足主体にお金を貸す（融資する）ことで経済を回していきます。

　3つめは、決済や融資を通して企業間や企業と個人などの仲介（マッチング）があります。

　こうした役割の根底には、金融機関としての「信用」があります。逆に言えば、「信用」があるからこそ、様々な取引の「仲介」ができるのです。

　そして、FinTechをはじめとするこれからの金融サービスも、この原則はしっかりと担保されないと機能しません。仮想通貨においてそれを担保するのが、ブロックチェーンのしくみというわけです。

3-2② 金融がもたらす「信用」と「仲介」の役割

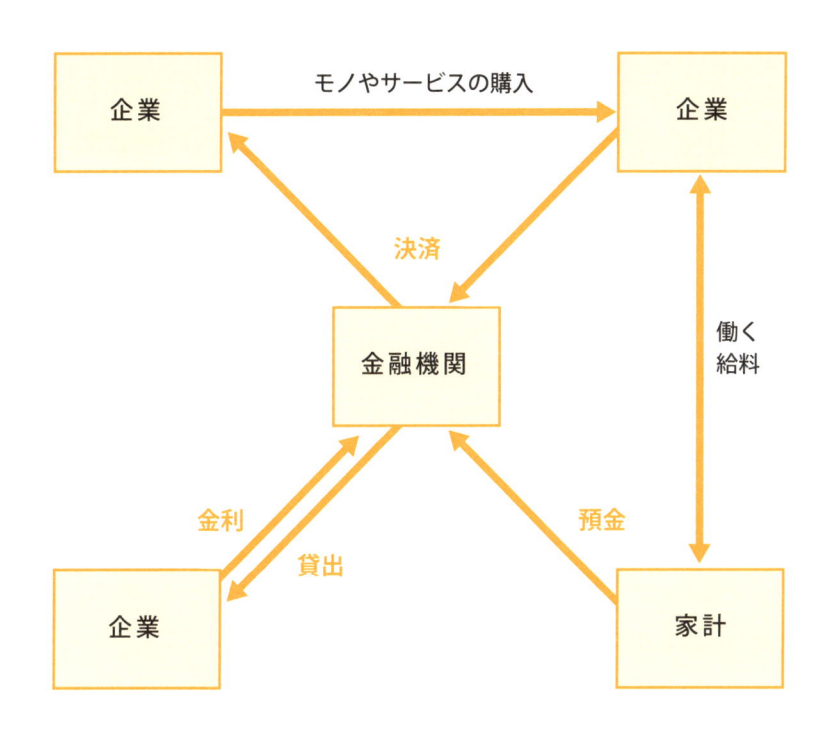

3-2 お金と金融サービス③ 通貨の機能を確認しよう

🔗 仮想通貨としての３つの機能

ビットコインに代表される仮想通貨は、「暗号通貨」や「電子通貨」とも呼ばれます。 つまり、「通貨」の一種として利用されるべきものです。そこで改めて、「通貨」について考えてみましょう。

通貨とは、国家などが法律の定めに従い価値を保障した貨幣のことであり、原則、その国で通用するものです（法定通貨）。一般的には、紙幣や硬貨などのお金のことです。

そして、通貨には主に次の３つの機能があります。

1. 支払決済手段（交換手段）

2. 価値尺度（価値を測る尺度、計算単位）

3. 価値保蔵（資産の保存）

モノやサービスの交換、取引は通貨の決済を通して行うことができ、通貨の基本的な機能です。

そして、価値尺度として通貨という共通のモノサシ、単位があるため、あらゆるサービスやモノの価値を比較することが可能です。

また、通貨は物理的に変質することはなく、貯めておくことができます。この通貨の価値保蔵機能を用いれば、商品の売り・買いをいつでも好きなときに行うことができます。

これら３つの機能は、相互に関連しています。逆に言えば、価値が安定せずに、通貨の価値が下落すれば当然交換手段や価値保蔵の機能も失われてしまいます。これら３つの機能を満たし、人々が通貨として信用するからこそ、通貨はその役割を果たすことができるのです。

仮想通貨と呼ばれるビットコインも当然、この３つの機能を満たしていなければ、通貨といえないことになります。

3-2③ 通貨が持つ3つの機能

1
支払決済手段
（交換手段）

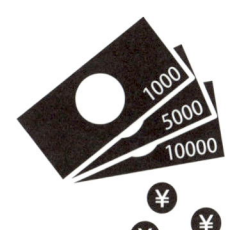

2
価値尺度
（価値を測る尺度・
計算単位）

3
価値保蔵
（資産の保存）

お金と金融サービス④
仮想通貨ビットコインの誕生

🔗 サトシ・ナカモトの論文がきっかけ

ビットコインは、2008年、「サトシ・ナカモト」を名乗る正体不明の人物が暗号理論に関するメーリングリスト内で発表した1つの論文が起源とされています。これまで何度か「サトシ・ナカモトは私だ」と名乗りをあげる者が現れ、そのたびに騒動となりましたが、結局のところ、このサトシ・ナカモトは未だに誰なのか判明していません。

この論文「**Bitcoin: A Peer-to-Peer Electronic Cash System」**
（ビットコイン：P2P電子決済システム）」は、既存の金融業界への体制批判になっています。リーマンショックが発生した当時のことです。

この論文で、中央集権型金融システムに異議を唱え、利用者同士が仲介する者を不要として取引できる**P2P（Peer to Peer；対等の者同士が通信を行うこと）による電子決済システム、つまりは中央集権型ではなく分散型の通貨のしくみへの移行を提唱しました。これが、ブロックチェーンのもととなるアイディアです。**

その後、サトシ・ナカモトと有志のエンジニアたちによってビットコインのソフトウェアがリリースされました。サトシ・ナカモトからソフトウェア開発者に送金されたビットコインが最初の取引となり、その後取引は拡大を続け、現在に至ります。**その時価総額は本書執筆時点（2017年9月）で7.6兆円にも及びます。**ここまで急速に利用者を増やしたのは、ビットコインの投資資産としての魅力にあるといわれています。ビットコインは特定の管理者や裏づけとなる資産がなく、取引の需給に応じて価格が変動します。その変動幅は既存の投資資産と比較して大きいため、投機対象になりやすいのです。また、ビットコインという新たなお金のコンセプトに将来性を感じる人々が増えていることもその理由のひとつだと思われます。

3-2④ サトシ・ナカモトの論文のポイント

**ビットコインの発案者
サトシ・ナカモト**

その正体はわからない

「**Bitcoin: A Peer-to-Peer Electronic
Cash System**」

（ビットコイン：P2P 電子決済システム）」

1. はじめに
2. トランザクション
3. タイムスタンプサーバ
4. プルーフオブワーク
5. ネットワーク
6. インセンティブ
7. ディスクスペースの改善
8. 簡素化した支払いの確認
9. 結合と価値の分割
10. プライバシー
11. 計算理論
12. 結論

● ビットコイン誕生のきっかけ
となったサトシ・ナカモトが
発表した論文

● 原文は英語で公表されており
誰でも閲覧可能

論文のポイントは、中央集権型の既存の
金融システムの体制批判

お金と金融サービス⑤
地域通貨への活用

🔗 飛騨信用組合、「さるぼぼコイン」の実証実験を開始

　地域内での消費を、地域内で循環させることで、地域の発展を目指す試みが日本各地で行われています。その代表例が、**利用地域を限定した「地域通貨」の取り組み**です。そして、地域通貨をブロックチェーンのしくみを使って構築・提供する試みが、日本国内で登場してきています。

　岐阜県高山市が本店の飛騨信用組合は、インターネットサービス企業のアイリッジ社（東京・港）と共同で、2017年5月15日に独自の地域通貨「さるぼぼコイン」の実証実験を開始しています。

　「さるぼぼコイン」とは、スマホアプリ上で利用できる電子通貨で、飛騨・高山エリアを中心に地域限定で使うことができます。飛騨信用組合の全職員（約200名）と地域の商店街のイータウン飛騨高山、でこなる横丁（高山市）、やんちゃ屋台村（飛騨市）が協力し、決済手段として「さるぼぼコイン」の利用を促し、約3ヵ月間の実験を経て、2017年10月に本格稼動します。

　この取り組みの主眼は地域経済の活性化ですが、訪日外国人観光客向けの利便性の高い決済手段を実現することも目指しています。

　地域通貨の取り組みはこれまでも様々な地域で行われてきました。その成功のカギは利用者や店舗が使いやすく、システム導入コストの負担なども少ないことが挙げられます。**「さるぼぼコイン」の場合、利用者は飛騨信用組合の窓口で1円を1コインとして換金し、買い物するときには店に提示されたQRコードをスマホで読み取り決済します。店側はQRコードを用意するだけで特別なシステムが不要のため、コスト負担が少なくて済みます。**なお、「さるぼぼ」とは飛騨地方に昔から伝わる人形のことです。

　これ以外にも、山陰合同銀行（島根県松江市）、近鉄グループホールディングスなどで実証実験が行われ、地域通貨の普及を目指しています。

3-2⑤ 地域通貨へのブロックチェーン活用イメージ

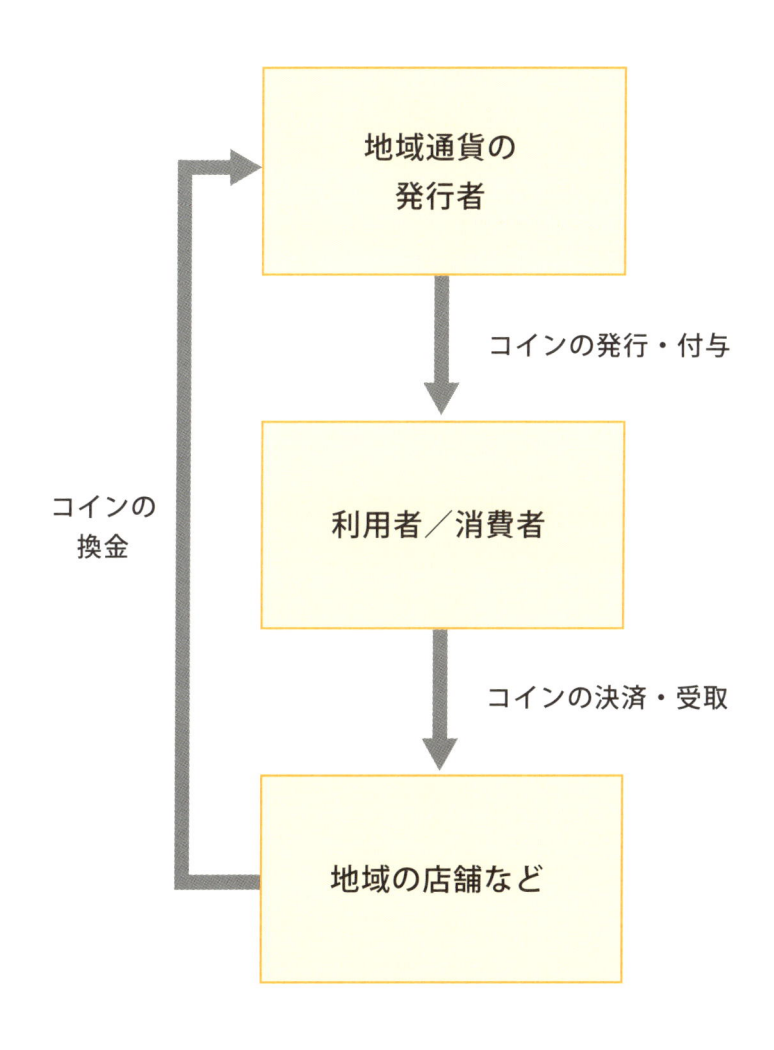

これらを
ブロックチェーン上で管理

地域通貨の
発行者

コインの発行・付与

利用者／消費者

コインの決済・受取

地域の店舗など

コインの
換金

3-2 お金と金融サービス⑥
破格の送金手段

🔗 これまで数千円の手数料が数円に

　インターネットから、自身の銀行口座にログインをして、相手の送金先情報を入力し、「送金」ボタンを押せば相手の銀行口座にお金が送金されます。一見するとシンプルですが、その裏では巨大な送金インフラのシステムが動いています。そのため、日本の銀行から海外に日本円を国際送金する際は、手数料が数千円程度要します。

　これをビットコインで送金すれば、相手が国内でも海外でも、インターネットが利用できる場所なら実質のコストが数円から数十円で済みます。

　このようなブロックチェーンを活用した送金サービスはすでに登場しています。送金時のみ仮想通貨に変換して送金を行うサービスや、特定の銀行間同士で独自のブロックチェーンを構築し、送金処理を行うしくみなどが実際に運用されています。

　従来の送金システムは、複数の仲介者が介在したことから、コストは高く、入金処理にも時間がかかりました。そのしくみをブロックチェーンに置き換えることで、低コストでスピーディーに送金できるようにしようという試みです。

　ところで、従来のしくみが不便を強いるには理由もあります。その1つが犯罪対策です。送金システムを簡素化することで、不正が働きやすくなるため、あえて複雑なしくみにしているのです。

　ブロックチェーンにおいては、仮想通貨の場合、参加者の相互監視が働くため不正が起こりにくいのですが、完全にリスクがないとは言い切れません。特に送金におけるリスクとして、いったん取引を行ったら取り消しができないことなどがあります。また、ビットコインでは、ビットコインアドレス（142ページ参照）から個人の取引が特定される可能性も否定できません。

3-2⑥ 仲介者が不要になることで実現

従来の海外送金

日本に住む　送金元　国際送金　送金先　海外に住む
Aさん　　　銀行　　ネットワーク等　銀行　　Bさん

いくつかの機関を介して送金
数千円の手数料

ビットコインネットワーク

 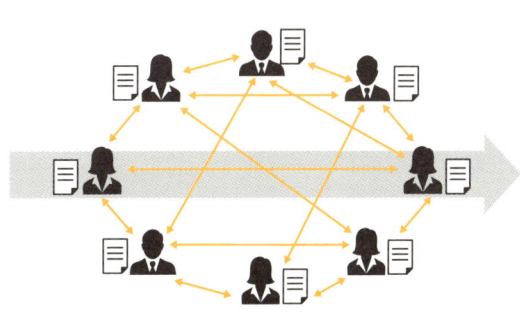 

日本に住む　　　　　　　　　　　海外に住む
Aさん　　　　　　　　　　　　　Bさん

ネットワークを介して格安で
ビットコインの送金が可能

3-2

お金と金融サービス⑦
貿易取引への活用

🔗 作業時間や事務手続きの効率化、コストダウンへの期待

現在の貿易取引は、輸出者、輸入者、輸送会社、金融機関など複数の関係者の間での書面によるやりとりが基本です。参加者や手続きが多いため、商品の引渡しと決済のタイムラグを織り込んで行わなければなりません。

特に重要な書面は、輸出者（売り手）と輸入者（買い手）の双方のリスクを回避するために銀行が発行する「信用状」という書類です。現在、こうした書面はメールや郵送でやりとりされていますが、紛失のリスクや内容確認の手間や多大な時間を要することに課題があります。

そこで、こうした課題を解決する手段として、書面を電子化してブロックチェーン上で取引を行うという取り組みがスタートしています。

その方法は至ってシンプルです。**信用状などの書類を、ブロックチェーン上にアップロードし、参加者で共有することで、書類受け渡しの時間や事務手続きを効率化します。そして作業がシンプル化されることにより、ミスの軽減やコストダウンにもつながり、今後、広く普及していくものと期待されています。**

2017年7月には、みずほフィナンシャルグループ、みずほ銀行、丸紅、損害保険ジャパン日本興亜などが中心となり、ブロックチェーンを活用した豪州・日本間での実貿易取引を完了させたとの報道がありました。

海外でも同様に貿易業務へのブロックチェーンの取り組みがあるほか、国内でもスタートアップが登場しています。

そうしたなか、貿易業務を効率化させるサービスも登場しています。AIやブロックチェーンを手がけるZenport社（東京・渋谷）では、2017年4月に貿易業務の全自動化クラウドソフト「Zenport」をリリースし、現在オープンβ版として提供しています。

3-2⑦ クラウド上で取引可能

従来の貿易業務

船積書類

①荷為替手形
②Commercial Invoice
③船荷証券（B/L）
④保険証券

紙の書類が流通する

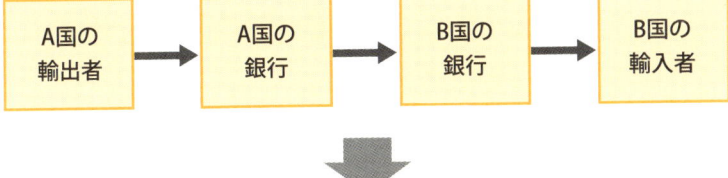

| A国の輸出者 | → | A国の銀行 | → | B国の銀行 | → | B国の輸入者 |

ブロックチェーンによる貿易手続き（イメージ）

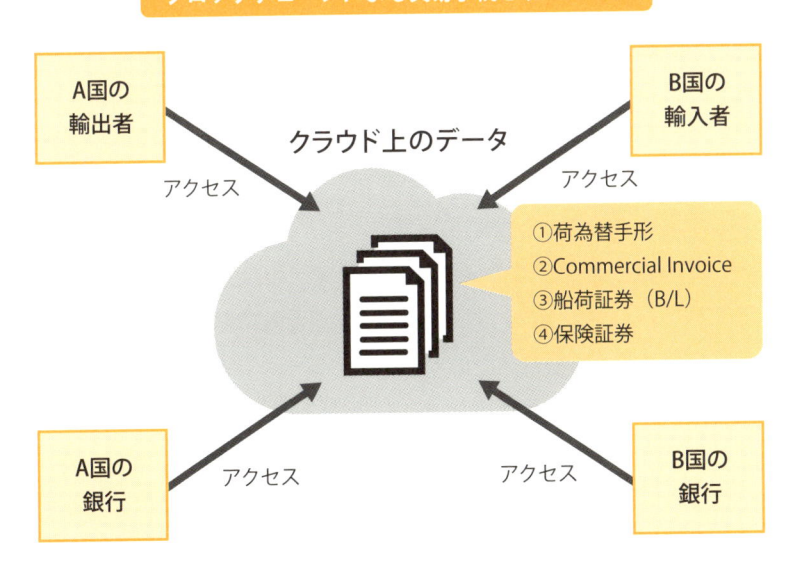

クラウド上のデータ

A国の輸出者　アクセス

B国の輸入者　アクセス

①荷為替手形
②Commercial Invoice
③船荷証券（B/L）
④保険証券

A国の銀行　アクセス

B国の銀行　アクセス

3-2 お金と金融サービス⑧ 証券取引への活用

証券取引には以前からITが活用されていることは周知のとおりです。ITにより高速取引が実現でき、世界中で膨大な件数の取引とお金が日々動いています。しかし、証券取引そのものは高速化できても、証券の引渡しと代金決済には時間がかかっているのが現状です。

そこで、**企業の株式の発行そのものをブロックチェーン上で行い、その譲渡や売買に関する管理もブロックチェーン上で処理するという取り組みが開始されました。**証券業の場合も業務オペレーションの効率化とコストの削減において期待が寄せられています。

ただし、証券の取引をブロックチェーン上に移行して実施した場合でも、資金の決済がハードルとなります。この取引における決済の課題は証券のみに限られた話ではありません。**ブロックチェーン上で行う取引の決済処理は共通の課題です。**また、決済が仮想通貨が使えず、法定通貨に限られることも解決すべきことです。さらに、IT化が進んでいる証券業をはじめとする金融業界では、既存システムとブロックチェーンの整合性の検証も課題の1つです。

こうした課題の洗い出しが始まっているなか、2016年2月、日本取引所グループと日本IBMが共同でブロックチェーンの証券取引への活用に向けた実証実験を開始しました。同年8月には、「金融市場インフラに対する分散型台帳技術の適用可能性について」というワーキングペーパーを公表しています。同発表ではブロックチェーンに対して一定の評価を認め、同年11月には、実証実験の知見をベースとして業界連携型の技術検証をスタートさせています。2017年1月末より参加金融機関の募集を開始しており、今後業界連携を通して取り組みを推進していくことなります。

3-2⑧ 各業務をいかに整合させるか

❶ 証券発行

❷ 配当・株式分割

❸ 証券保有者管理

❹ 取引（照合）

❺ 証券決済

❻ 賃金決済

❼ 取引内容の秘匿処理

これらを処理するうえで、既存のITシステムとブロックチェーンの整合が課題

3-2 お金と金融サービス⑨ 保険契約等への活用

自動車保険の場合、保険金の支払いまでは次のようなプロセスとなります。

事故の発生を保険会社に連絡します。その後、保険会社の所定の書類に事故の情報を記載して報告します。保険会社はその内容が保険契約に該当する事故なのか、そうである場合補償額はいくらになるのか、といった査定を行います。無事に査定が終了した場合、保険金が加入者に振り込まれます。

ここまでのプロセスはその多くが紙やメール、電話などでやりとりが実施され、そのコミュニケーションや判断の多くは人間が実施しています。このプロセスでは事故発生から保険金が支払われるまでに多くの時間とコストを要することになります。加えて、不正な請求があれば、その確認や検証にさらに時間とコストがかかります。

そこで、こうした保険契約や保険証券のやり取りをブロックチェーン上で行う事例が出てきています。東京海上日動火災とNTTデータは、2016年12月から2017年3月にかけて外航貨物海上保険の保険証券のブロックチェーン技術の適用に関する実証実験を行いました。**信用状、インボイス（商業送り状）、船荷証券をブロックチェーン上で取り扱い、その結果、貿易業務全体の効率化、コスト低減化が図れることがわかりました**（右下図参照）。

このように、**保険に関する取引内容をブロックチェーン上で行うことで不正や人的なミスを排除し、取引にかかる時間やコストを削減できると期待されています。**

損害保険などでは、IoTなどを活用して事故発生時の状況がリアルタイムに共有できたり、事故発生時以前のあらゆるデータが蓄積されて共有できたりすれば、より迅速な査定や取引ができるようになる可能性もあります。

3-2⑨ 保険金の支払いも迅速になる？

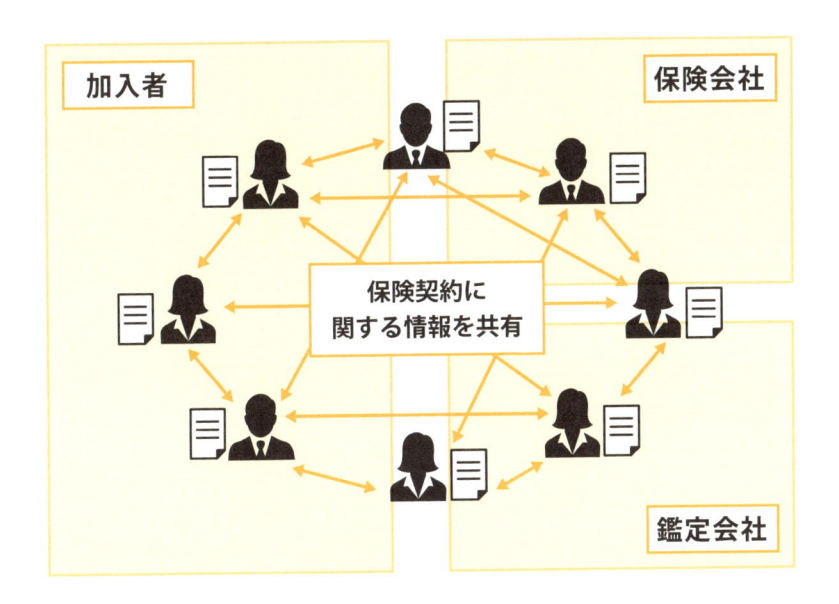

万が一のことが発生した際も複数の
関係者間で迅速に情報共有することが可能になる

●保険業における実証実験で確認された事項

	期待効果
保険会社	● 信用状保険条件手入力時間を1/6に短縮 ● 証券発行までの期間短縮によるサービス向上（お客様満足度向上） ● 保険証券の物流費用の削減 ● 書類チェックにかかる時間の削減 ● 港湾における貨物集積リスクの10%削減
保険申込者 発荷主	● 輸出会社の申込所要時間を約1/7に短縮 ● 保険証券入手までの時間短縮

出所：東京海上日動火災、NTTデータの報道資料

お金と金融サービス⑩
新しい資金調達ICO

🔗 投資の見返りに仮想通貨を得る資金調達法

　資金調達法の1つにIPOがあります。IPOとは、Initial Public Offeringの略で、「新規公開株式」のことです。自社の株式を投資家に売り出すことで証券取引所に上場し、誰でもその企業の株が取引できるようになるというものであり、これにより企業は自社の株式を売り出すことで資金を調達します。

　また、クラウドファンディングと呼ばれる資金調達手法も近年注目を集めています。自社のプロジェクトや商品企画に賛同する人々からインターネットを介して事業資金を集めるしくみです。

　こうしたIPOやクラウドファンディングと同様の手法をブロックチェーンや仮想通貨のしくみで実現し注目を集めているのがICOです。

　ICOはInitial Coin Offeringの略で、実施主体（企業・団体・個人）は独自の仮想通貨やブロックチェーン上のトークン（株式のようなもの）を発行し、投資家に販売することで資金を調達します。

　IPOによる株式を上場させる場合、取引所が定める一定の企業規模の審査、企業内部の統制の整備、監査など多くの手続きを証券会社や監査法人、弁護士事務所などを通じて行うため、コストと時間を要するのが普通です。

　ICOであれば、こうしたプロセスを排除して、発行した仮想通貨を仮想通貨の取引所に上場させたり、ブロックチェーン上でトークンを取引できたりすることができます。

　実際にICOを用いて資金調達を行った事例はすでに多数出てきています。**ただしデメリットもあります。審査や監査といった所定の手続きがないために、ICOが善意にもとづくものか、その内容の見極めのハードルが高いことです。資金調達を行う者にとっては、新手法として選択肢が広がる一方、投資家は、実施主体の十分な情報収集や精査が極めて重要となります。**

3-2 ⑩ ICOのしくみ

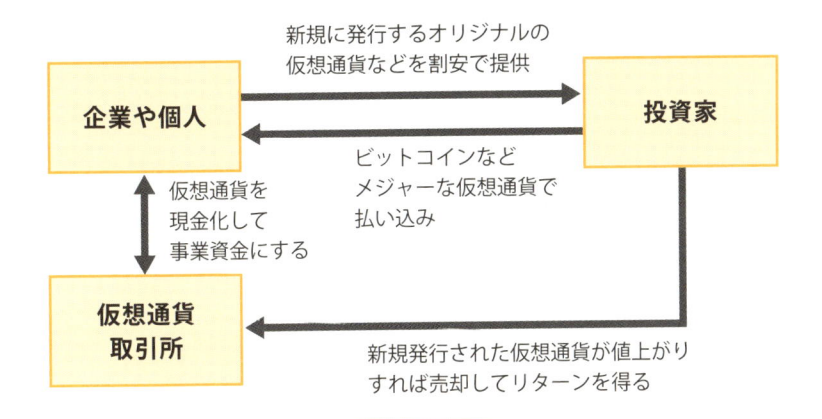

新規に発行するオリジナルの
仮想通貨などを割安で提供

企業や個人 → **投資家**

ビットコインなど
メジャーな仮想通貨で
払い込み

仮想通貨を
現金化して
事業資金にする

**仮想通貨
取引所**

新規発行された仮想通貨が値上がり
すれば売却してリターンを得る

従来であれば「株式」で行われることを
「仮想通貨」を用いて実施

	方法	調達方法	資格	調達先	リターン
IPO	自社株式の発行	証券取引所への株式の上場	法人のみ 上場には厳しい審査があり	個人や機関投資家	配当 株価上昇
クラウドファンディング	プロジェクトの公開	クラウドファンディングプラットフォームへの公開	個人・法人 誰でもOK	サービスに興味がある個人や企業	商品、サービスなど自由に設定
ICO	自社コインの発行	仮想通貨取引所への上場	個人・法人 誰でもOK	サービスに興味がある個人や企業	商品、サービスなど自由に設定 自社コインの上昇

●クラウドファンディングとICOの違い

クラウドファンディングは事業計画の資金調達であり、実際に事業が始まったらその見返りに商品やサービスまたは収益の一部が出資者に還元される。一方、ICOは実施主体がこれからはじめる仮想通貨を購入できる権利を出資者に優先譲渡し、実際に仮想通貨が流通したら、その権利が行使できるというもの。その権利が保証されていないことが多いため、出資には慎重さが求められる。

3-3 取引とコンテンツ管理①
フリマサービス

　いまや巨大市場に膨れ上がったインターネットオークションやオンライン上のフリマサービス。それらのサービスの多くは、既存の企業がプラットフォームとして仲介することで、取引の場を提供し、取引手数料を徴収するビジネスモデルです。こうしたオンラインのマーケットプレイスにもブロックチェーンが活用されはじめています。

　その代表格として注目されているのが、分散型P2Pネットワークを活用したマーケットプレイス「オープンバザール」です。その名のとおり、「開かれた市場」として、事業提供者である米OpenBazaar社による規制がなく、売り手と買い手が直接売買を行うため、売買手数料やサービス利用料が発生しません。しかも、フリマにとっての生命線である匿名性も担保されたしくみにより、運用されています。決済はビットコインのみに限定されています。ビットコイン・ブロックチェーンによる完全なP2Pの取引プラットフォームといえます。

　マーケットプレイスとしての「オープンバザール」の概要は次のとおりです。30以上の国から、音楽、ゲーム、映像、衣料、アート、アクセサリーなどはもちろん、民泊や飲料・食品も取引されます。利用したい人は、オープンソースのクライアントソフトウェアをPCにインストールして個人情報を登録。これで準備完了です。

　取引手数料不要、匿名性の保証、グローバル取引などを実現するマーケットプレイスの出現は、ブロックチェーンと仮想通貨があるからこそだといえるでしょう。

　国内に多くのユーザーを抱えるメルカリや楽天など、この動向は日本市場にもいずれ影響が出てくるものと思われます。

3-3① 取引手数料がいらない? フリマサービス

従来のサービス

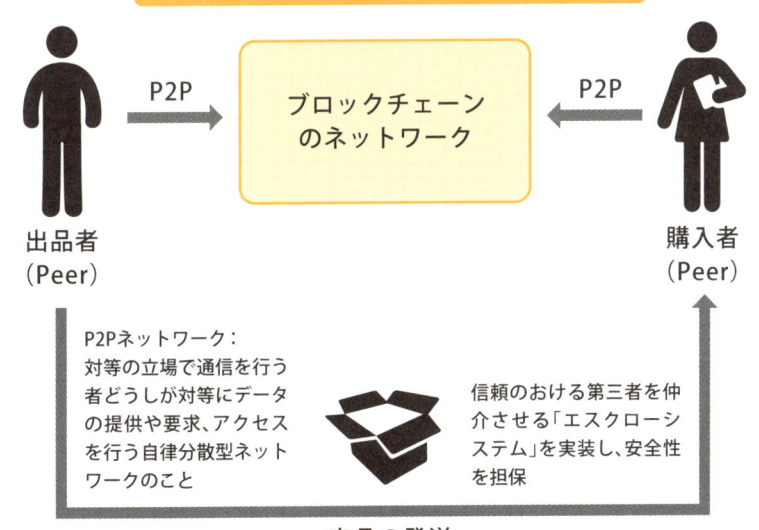

出品者

フリマサービス

¥

手数料

購入者

商品の発送

ブロックチェーンを活用したアイデア

出品者
（Peer）

P2P

ブロックチェーン
のネットワーク

P2P

購入者
（Peer）

P2Pネットワーク：
対等の立場で通信を行う
者どうしが対等にデータ
の提供や要求、アクセス
を行う自律分散型ネット
ワークのこと

信頼のおける第三者を仲
介させる「エスクローシ
ステム」を実装し、安全性
を担保

商品の発送

3-3 取引とコンテンツ管理② デジタルコンテンツ

🔗 ビットコインのブロックチェーン技術で著作権管理

　写真やイラスト、音楽などの創作物には著作権があります。通常の場合、著作権を主張するには公的な第三者機関で証明を得る必要がありますが、時間と費用がかかります。これは日本のみならず多くの国が同様です。

　そうした第三者機関による証明をブロックチェーンで行い、ウェブ上での著作権管理を実現するサービスが登場しています。

　Binded社は、主に写真やイラストの著作権をウェブ上で管理し、創作物の登録やその証明書を発行するサービスを提供しています。写真家やデザイナー、クリエイターが主なターゲット層です。

　同社のサービスは誰でも簡単に無料で使うことができます。必要事項を入力し登録するか、SNS連携を利用すればすぐにアカウントが作成できます。アカウント作成が済んだら、著作物の画像をアップロードするだけです。画像をアップロードすると著作権情報が登録されます。その後、その著作物がウェブ上で無断使用されてないかを監視します。そして、必要に応じてタイムスタンプ（時刻証明）も発行できます。タイムスタンプとは、誰がいつ著作権登録を行ったかがわかる電子的な時刻証明書です。**同社のサービスではタイムスタンプの発行に0.0001BTC（数十円）の料金が発生します。**

　このサービスは、ビットコインのブロックチェーン技術がベースになっています。そして、**このサービスの特長は、通常の著作権登録には文化庁への登録や登録費用などが発生しますが、個人の写真家やデザイナーなどにとって、その負担がなくなることです。**しかも、作成日付の立証サービスも利用することができます。

　権利ビジネス市場がグローバルに広がる現在、簡便に利用できる著作権管理ビジネスは今後いっそうニーズが高まっていくことでしょう。

3-3② 著作権管理への活用

現在の著作権管登録の問題

- 申請料金が高い
- 申請から承認まで時間がかかる
- 申請手続きが面倒

ブロックチェーン
上で管理

- 申請料金数十円／件（0.0001BTC）
- 申請時間10分／件
- １クリックで登録できる

出所：https://binded.com/

朝日新聞がBinded社に資金提供したことが報道された。日本のメディアの関心の高さがうかがえる。

3-4 IoTとシェアリングサービス①
IoTとブロックチェーン

　IoTは、Internet of Thingsの略称で、「モノのインターネット」と呼ばれています。あらゆるモノがインターネットに接続されることで、より便利なサービスが生まれるという考え方です。

　モノが具体的に何を指すかといえば、自宅のエアコンや洗濯機などの家電から、自動車、工場内の機器、ドローンなど広範囲にわたります。業種や業界を超えて幅広くモノがつながることで、新たなデータの収集やその活用を通して便利なサービスを実現します。

　ただし、IoTは、従来のクライアントサーバ型の管理だと、接続先が増えるほど処理の負担や、セキュリティ対策が必要となる課題がありました。分散的にあらゆるモノに接続されても、制御や管理が中央集権型の管理だったのです。そこにブロックチェーンの自律型分散技術、取引内容の確認と実行をプログラム上で自動に行うスマートコントラクトが登場し、IoTとの融合が期待されています。

　ブロックチェーンとIoTはそれぞれ分散型のコンセプトに基づいている点で共通しています。モノがインターネットに接続されることで、相互に通信を行い、事前にプログラムされた契約内容に従って契約を実行するといった利用方法が想定されます。

　例えば、IoTで接続された洗濯機があるとしましょう。洗濯機は洗剤の残量を自動検知し、その残量が一定量を下回ったら、洗剤の発注注文を送信します。その注文内容と決済をブロックチェーンで行うといったユースケースが一例です。

　人の手を介さずに、モノ自身が判断し、取引を実行することで私たちの生活はより便利に、効率的になっていくことが期待されています。

3-4① 分散型データベースによる問題解決

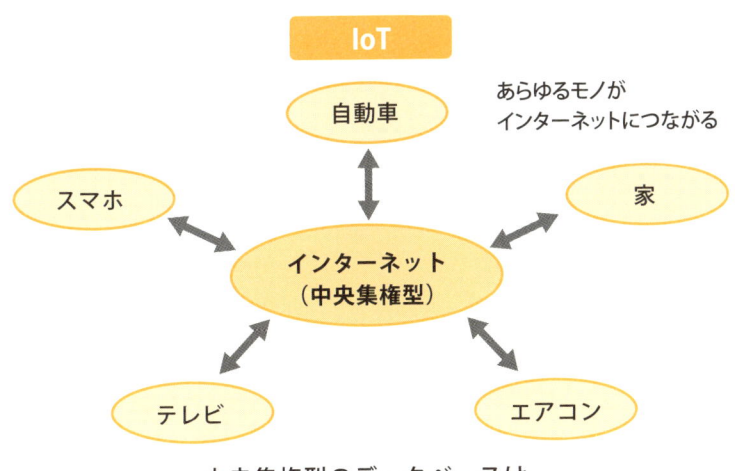

IoT

自動車

スマホ

家

インターネット
（中央集権型）

テレビ

エアコン

あらゆるモノが
インターネットにつながる

中央集権型のデータベースは
改ざんの処理に弱い

ブロックチェーンがモノのやりとりをつなぐ

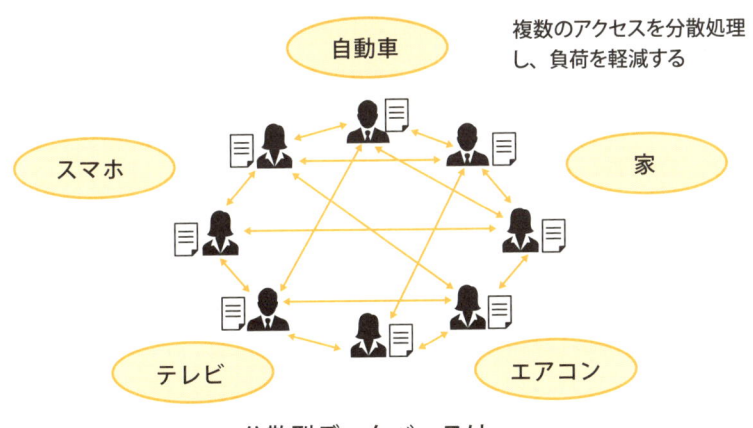

自動車

スマホ

家

テレビ

エアコン

複数のアクセスを分散処理
し、負荷を軽減する

分散型データベースは
分散処理で改ざんを防御できる

3-4 IoTとシェアリングサービス②
IoTのセキュリティ対策

🔗 ブロックチェーンのセキュリティ対策機能を活用

　IoTにおいては、セキュリティ対策が大きな課題の1つです。あらゆるものがインターネットで接続されるということは、そのモノに対するハッキング等の犯罪も広がる可能性を意味しています。

　IoTを導入する企業は当然のこととして発生可能リスクを考慮しますが、そのリスクすべてにセキュリティ対策を行うとなると莫大なコストを覚悟しなければなりません。場合によっては、IoTビジネスそのものを断念せざるを得ないことにもなります。IoTが夢のあるコンセプトであることがわかっても、なかなか導入に踏みきれない企業事情がこうしたことにもあります。

　そのようななか、**にわかに期待を集めているのが、ブロックチェーン技術によって、IoTにおけるセキュリティを向上させようという取り組みです。**

　認証処理に関するブロックチェーンを開発しているKeychain社は、「IoT認証プラットフォームの処理高速化と省電力化に関する研究開発」において、NEDO（国立研究開発法人新エネルギー・産業技術総合開発機構）、IoT推進ラボ・経済産業省連携の支援に採択され、世界初となるブロックチェーンを使ったIoT認証セキュリティプラットフォームの実現に向けた研究開発を進めています。

　ブロックチェーンやIoTといった新しい技術、概念同士が融合することは、それぞれが持つ特有の課題を解決する可能性が高まり、ひいては双方の普及にもつながります。こうした期待からの取り組みです。

　特に、Keychain社のIoTの利用者を認証まで可能にする技術において、極小のIoTデバイスとの認証、遅延があってもミリ秒単位という極めて高い技術が実現できれば、Iot導入における最も大きな課題の1つである利用者認証におけるセキュリティ対策が急速に進むものと期待されています。

3-4② IoT普及の課題を解決

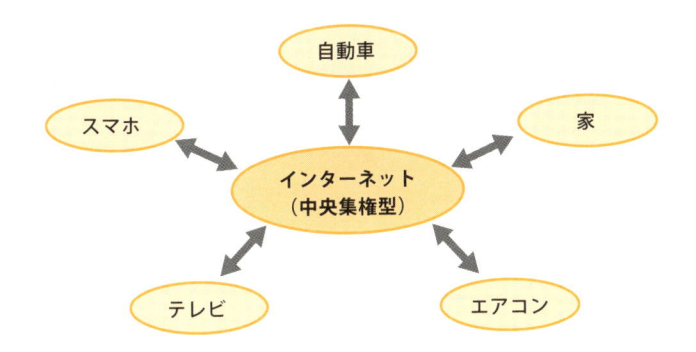

あらゆるモノがネットでつながる社会の広がり

- データ処理の負荷
- セキュリティ対策
- 決済等の処理負担 など

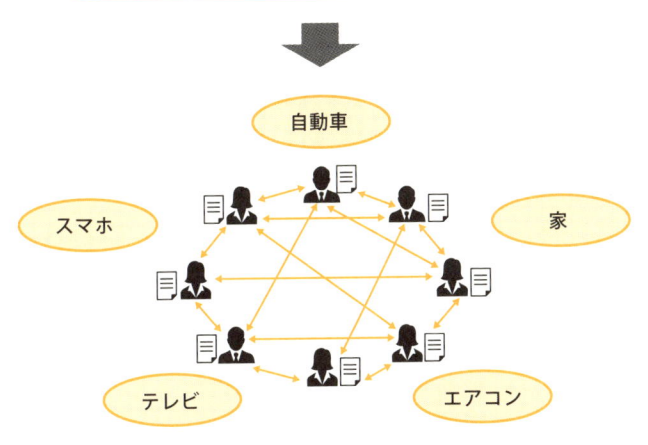

ブロックチェーン技術で解決

3-4 IoTとシェアリングサービス③ 自動車業界での活用

🔗 コネクテッドカーなど新しいコンセプトが誕生

　自動車産業は、AI（人工知能）技術による自動運転車などITによるイノベーションがホットな領域の1つです。そして自動車は、所有からレンタル、シェアリングなどの共有資産としての活用が進んでいます。

　あらゆるモノがネットでつながるIoTと車のデバイス化によって誕生したのが、「コネクテッドカー」というコンセプトです。**コネクテッドカーとは、「ICT端末としての機能を有する自動車のことであり、車両の状態や周囲の道路状況などの様々なデータをセンサーにより取得し、ネットワークを介して集積・分析することで、新たな価値を生み出すことが期待されている」（総務省資料より）ものです。**このコンセプトにもブロックチェーンの活用が期待されています。

　例えば車のレンタルでは、ブロックチェーン上に自動車の情報を記録しておき、IoTを用いて自動車のロックを遠隔制御できるようにしておきます。そして、レンタルの契約内容と決済を確認したらロックのアクセス権限が付与されるといった使い方です。

　このしくみは自動車の売買にも応用できる可能性があります。トヨタ研究所（TRI）は、MITメディアラボをはじめとする複数のパートナー企業と協力し、3つの分野（運転データの共有、車両・ライドシェアの取引、走行距離など実績ベースの保険）における製品開発を目指すとしています。

　また、クラウド型の電子署名サービスを提供するDocuSign社とVISAは、カーリースや駐車場などの従量課金型のサービスにブロックチェーン、スマートコントラクトを活用するコンセプトを発表しています。

　ここで紹介した例をはじめ、自動車業界におけるブロックチェーン活用は急速に広がっています。

3-4③ 自動車業界における活用

コネクテッドカーのコンセプト

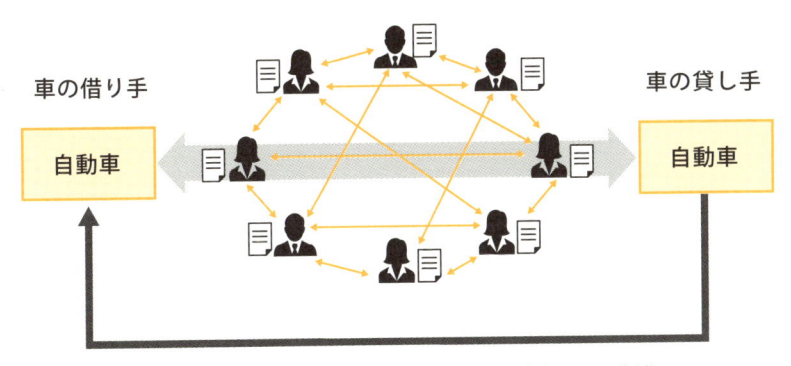

車の借り手

自動車

車の貸し手

自動車

ブロックチェーン上の契約内容に基づきIoTで制御

コネクテッドカーへの注目の背景

❶ 無線通信の高速・大容量化

❷ 車載情報通信端末の低廉化
スマートフォン等による代替化

❸ ビッグデータの流通の大幅な増加

コネクテッド
カーへの注目

出所：総務省ホームページ

3-4 IoTとシェアリングサービス④
シェアリングサービスの本人確認

シェアリングエコノミーの登場により、あらゆる資産が共有できるようになりました。Uber（ライドシェア）やAirbnb（民泊）など世界的な規模に成長したサービスも登場しています。日本国内でもクラウドソーシングが普及し、個人が自身のスキルや時間を、個人や企業向けに提供できるようになってきています。

シェアリングエコノミーの多くは、参加者が個人同士の直接取引です。Airbnbのような部屋の貸し借りなどにおいても、その多くは、部屋の提供者・利用者共に一般の個人であるケースがほとんどです。大手の事業者や専門業者にかぎらず、個人同士も直接取引できる点に、シェアリングエコノミーの良さがあります。

その際、問題となるのが提供者・利用者双方の「信用」の問題です。大手の事業者が仲介し、提供者と利用者の相互評価のしくみなどを提供していますが、完全に「信用」の問題は解消されているとはいえない状況です。

仲介業者としても、新たにプラットフォームに参加する提供者・利用者が本当に「信用」できるユーザーかを審査・確認する必要があります。しかし、それらの本人確認は、各事業者ごとに行っているのが現状です。

そこで、**ブロックチェーンを用いて本人確認情報を共有する取り組みがスタートしています。**ユーザーの本人確認情報や、ユーザーのサービス利用に関する信用情報をブロックチェーン上で管理し、シェアリングエコノミーを提供する事業者同士で共有するしくみです。

改ざんができず、安全な形でユーザーの情報を共有することで、事業者は本人確認やユーザー審査の手間が緩和され、新規登録を行うユーザーも登録時の手間が削減できると期待されています。

3-4④ 本人確認のしくみ

従来の本人確認

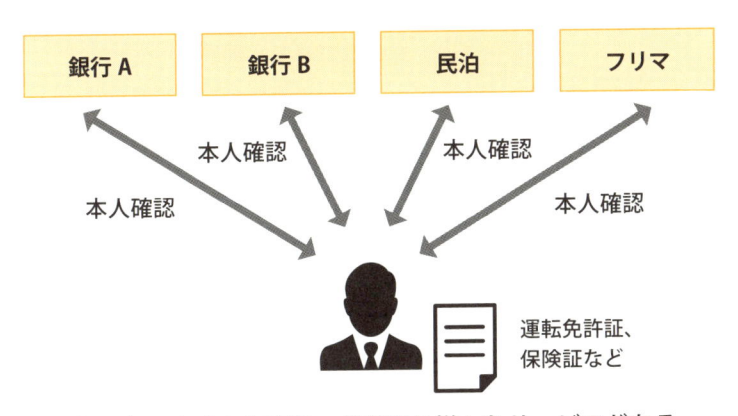

世の中には「本人確認」が必要な様々なサービスがある
利用者はそれぞれの事業者に確認書類を提出する必要がある

ブロックチェーン活用イメージ

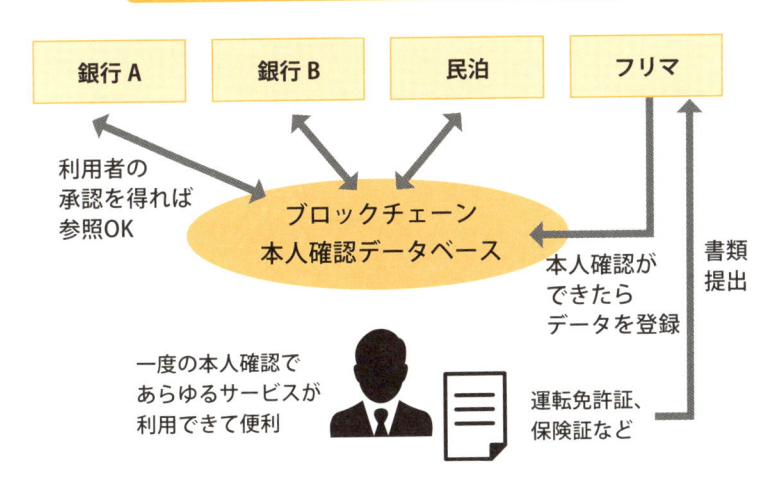

3-5 行政と医療サービス①
公共データの活用

国内外を問わず、届出や登録、変更発生時の手続きなどといった行政サービスの利用時の問題として、各サービスが行政の組織別に管理され、ワンストップで利用できない弊害が少なくありません。しかも個人情報保護の観点から、そのやり取りには細心の注意が求められます。また、マイナンバー制度の施行と一般消費者のITデバイスリテラシーの向上により、今後、日本の行政サービスはネットを介して利用されていくことは必然です。

そうした時代の到来を見据えて、**膨大な量の行政手続きのデータ処理の負荷を分散し、同時に個人情報の漏洩対策も行えることから、ブロックチェーン技術は有望です。**

一方で、自治体等が保有する行政関連の公共データは膨大な量に及び、それだけビジネスや研究において利用ニーズがあり、許諾が取れているものに関しては民間に開放することで利活用が期待できます。

こうした行政の利用に対しても、ブロックチェーンの活用が具体的に進められています。日本はまだ検討段階というレベルにあるのですが、国よっては画期的な成果を生み出しているところも登場しています。その1つが、北欧フィンランドの真南に位置するエストニアです。

エストニアはデジタル先進国といわれ、「e-estonia」電子国家というスローガンを掲げています。ITを活用した効率の良い行政、次世代の起業家育成、海外からの事業誘致を積極的に行っている国家です。 人口は130万人ですが欧州で最もスタートアップが多く、あの「Skype」を生み出したIT先進国ともいえるエストニアは、行政サービスにブロックチェーン技術をいち早く導入し、そのサービスのほとんどが電子化されており、インターネット上の手続きで完結できるようになっています。

3-5① ブロックチェーン上の電子政府サービス

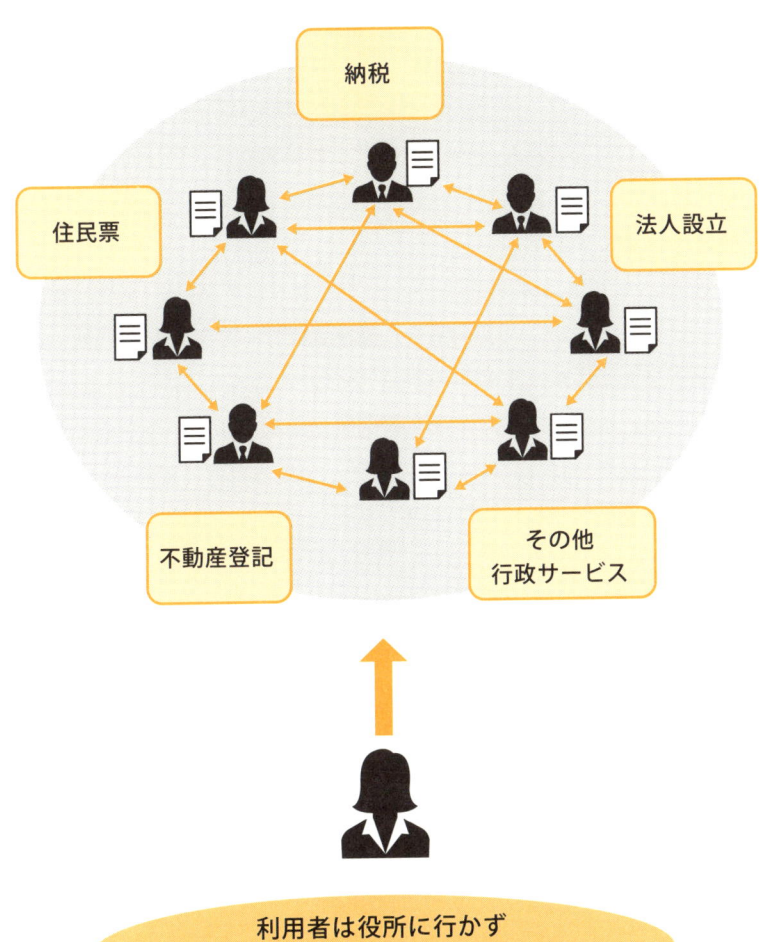

納税

住民票

法人設立

不動産登記

その他
行政サービス

利用者は役所に行かず
インターネットで各種手続きが完結

3-5 行政と医療サービス②
データの証明サービス

　離婚や遺言など中立の立場にある第三者が証明する公正証書の手続きは、行政機関である公証役場がその役割を担っています。公証役場はこうした公正証書の作成のほか、私文書の認証、そうした文書の確定日付等を行う法務省に属する機関です。

　日本における公正証書は行政サービスの電子化の普及により、電子公証サービスとして運用がされています。**電子公証サービスの基本原則は、証明すべき電子ファイルが「誰のものか」「いつから存在しているか」「改ざんされていないか」について中立の第三者機関が証明するというものです。**

　この電子公証サービスにブロックチェーン技術の特長である「日付認証」と「改ざんができないこと」が活用できることから、今後、その利用が広がるものと予測されています。

　しかも、**市中にある公証役場を利用するよりも、費用がかからないことも利用者にとって大きなメリットになります。**

　実際に、このしくみを事業として展開する企業も現れ始めています。契約書などの電子データ記録プラットフォームであるFactomは、オープンソースのプロジェクトで、ビットコインのブロックチェーン上であらゆる電子データの管理・認証を可能にしています。

　そして、企業監査やSCMの監査、住宅ローン取引に関する情報を一元で管理するソリューション、出生証明書、土地登記、医療記録などの重要な文書の認証に特化したソリューションなどを提供しています。個人から法人・団体までの契約書や証明書のセキュアな管理を実現しており、そのサービス提供の対象は国家にも及びます。またFactomは仮想通貨の発行主体でもあります。

3-5② 証書などの電子データ記録のしくみ

公正証書

- 離婚公正証書
- 遺言公正証書
- 遺産分割協議公正証書
- 金銭消費賃貸契約公正証書　など

契約書

- 各種契約書

ブロックチェーン技術

- 電子署名
- ハッシュ値
- タイムスタンプ

認証

- 誰のものか
- いつから存在しているか
- 改ざんされていないか

3-5 行政と医療サービス③ ヘルスケア産業

🔗 電子カルテをブロックチェーン上で管理

　ブロックチェーン技術の特長は、暗号化した分散型の台帳でデータを安全に管理できることです。さらに大量のデータを保管しても負荷がかからず、運用コストも軽減できます。この特長がそのまま活かされると期待されているのが医療分野です。

　患者の受診記録を時系列に並べ、閲覧が許可された医師や薬剤師などの医療関係者にアクセスキーを付与することで、患者の受診履歴をどの医療機関であっても見ることができれば、安全な医療が施せます。

　例えば、処方箋をつくるとき、これまでの記録がその都度台帳に記されていくので、街中のクリニックから大病院にセカンドオピニオンなどを求めるとき、紹介状などが不要になるかもしれません。これは医師にとって、新たに文書を書く手間がなくなり、作業軽減にもつながります。

　そして電子カルテが医療機関だけではなく、保険会社などもアクセス権限を得たうえで閲覧できれば、保険金の不正請求を阻止することができます。

　実際に電子カルテをブロックチェーン上で管理する取り組みは始まっています。米国ボストンのベス・イスラエル・ディーコネス・メディカルセンターとMITメディアラボの研究者らは**「MedRec」**という医療分野へのブロックチェーン活用プロジェクトを進めています。

　MedRecは、医療記録そのものではなく、医療記録へのアクセスを管理し、監査機能とデータ共有手段をブロックチェーンで提供しています。現在はプロトタイプでテストを続けている状況ですが、今後こうしたデータ管理が普及すれば患者や医療従事者は安心してデータを共有、管理することができるようになります。そうなることで受診者も安全でスピーディーに医療サービスを受けられるようになります。

3-5③ 医療分野での活用

電子カルテ

処方箋

ブロックチェーン技術

暗号化した分散型の台帳で安全に管理

メリット
多数

- 個人情報のセキュリティ対策
- 医療機関が変わっても受診履歴がわかる
- 書類作成の手間が省ける

ダイヤモンドを管理する

　イギリス・ロンドンにあるEverLedger社は、ダイヤモンドの取引管理にブロックチェーンを活用しています。

　ダイヤモンドは、4C（カラット、カット、クラリティ、カラー）と呼ばれる品質評価の情報などをもとに、原産地や所有者などの情報と共に取引がされています。

　しかし、従来の取引方法はそのプロセスが不透明であるために問題が生じていました。しかもダイヤモンドは世界中で高値で取引されるため、紛争地域で採掘されるダイヤモンドはその資金調達手段として利用される場合があります。

　そのため、原産国が紛争地域であることを偽るケースがあります。国際的な取引においては紛争地域、内戦国において採掘されたダイヤモンドは取引をしないよう求められています。また、ダイヤモンドは盗難品の売買や、偽物や品質の低いダイヤモンドの品質を偽るといった不正も問題視されてきました。

　そこでEverLedger社は、ダイヤモンドそのものに関する様々な特徴や、所有者、取引履歴、鑑定書情報などをブロックチェーンで管理するサービスを提供しています。

　これまで不透明かつ管理がしっかりされていなかった取引を、ブロックチェーンで見える化し、効率良く運用することを実現しています。すでに100万個以上のダイヤモンドが同社のブロックチェーン上で管理されるなど実績も出始めています。

　ダイヤモンド以外にも高価な製品や希少価値の高い製品は世の中に多く存在しています。その価値の証明や、不正の無い取引は消費者のみならず多くの取引関係者が求めています。そういった取引はダイヤモンド同様にブロックチェーンで管理、取引されるようになっていくことが期待されています。

第 **4** 章

ブロックチェーンを支える技術

ブロックチェーンの構成技術

🔗 仮想通貨ビットコインを実現するために生まれた技術

　ブロックチェーンは、元々は仮想通貨であるビットコインを実現するために生まれたものです。そして、その技術が仮想通貨以外にも応用できるように開発され、第3章で紹介したようにその活用範囲は金融以外にも広がっています。活用範囲が拡大しているのは、現在のネットワーク社会において、取引に関するデータ処理やセキュリティなどを高度化する基盤技術が汎用性のあるものだからです。

　ここで改めて、ブロックチェーンを実現する構成技術について、ビットコインを例に「P2Pネットワーク」「電子署名」「ハッシュ」「コンセンサスアルゴリズム」の4つを中心に解説することにします。

　ビットコインは、銀行などの第三者を介さずにインターネット上で利用者同士が直接送金等が行えるしくみです。**これまで、第三者を介さずにインターネット上で取引を行うには大きく2つの問題がありました。1つはなりすましや取引情報の改ざん防止です。もう1つは、異なる相手に同じコインを同時に送る二重支払いの防止です。**ビットコインは形がないデータなので、こうしたことも起きかねません。

　こうした問題を解決するために、ビットコインのブロックチェーンは次の4つの技術を採用して構築されています。

　1. **P2Pネットワーク**：同等な者同士が直接通信を行うネットワーク
　2. **ハッシュ**：取引情報を復元不可能な暗号の値にすること
　3. **電子署名**：電子データの本人証明と改ざんの防止
　4. **コンセンサスアルゴリズム**：ネットワーク上で合意形成を得るしくみ
　上記の技術はビットコインが登場する前から存在する技術です。その技術の個々の特性を組み合わせて、ブロックチェーンが構築されています。

4-1 カギとなる4つの技術

ビットコイン（仮想通貨）

銀行などの第三者を介さずに、利用者同士が
直接送金などのやり取りができるしくみ

ビットコインを
実現する上での問題点

なりすましや
改ざんの防止

二重支払いの防止

**解決するための
4つの技術**

| ハッシュ | 電子署名 | P2P
ネット
ワーク | コンセン
サスアル
ゴリズム |

ブロックチェーン技術

4-2 P2Pネットワーク

🔗 止まらないシステムを実現するネットワーク

ブロックチェーンは、**参加者すべての取引をお互いが管理できるP2Pネットワークにより運用しています。**「P2P（ピア・ツー・ピア）」のピア（Peer）とは「同等な者」「仲間」という意味で、**P2Pネットワークは同等な者同士が直接通信を行うネットワークのことです。**そして、P2Pネットワーク最大の特徴は「ゼロダウンタイム」の実現です。

これに対して、クライアントサーバ方式では、サーバがシステムの中心に位置します。中央に位置してデータの蓄積や配信するサーバと、データの参照や提供を要求するクライアントに役割が分かれます。

動画配信サービス「YouTube」を例に見てみると、YouTubeが管理・運営するサーバに対して、利用者がPCやスマホをクライアントとして、動画をサーバにアップロードしたり、参照して再生・閲覧しています。

一方、P2P方式では各コンピュータやスマホ（中継点の意の**「ノード（node）」**と呼びます）が、サーバ、クライアント双方の役割を担うことで直接やりとりを行います。

世界中で安価な動画通話ができるサービス「Skype」はP2P方式を採用している代表例です。通話者AとBがスマホで通話を行う場合、それぞれが同等な立場としてサーバとクライアントの役割を分担することで直接やり取りをしています。また、P2Pでは利用増加に伴う負荷の集中等がありません。クライアントサーバ方式では、アクセスが集中すれば、負荷軽減のためにサーバ投資を行うことになりかねませんが、それをP2Pによって分散することで、Skypeは世界中で安価な動画通話を実現しています。

P2Pネットワークでは、いくつかのノードが故障したりしても、他のノードが稼動していれば、システム全体が止まることはありません。

4-2 P2Pネットワークの特長

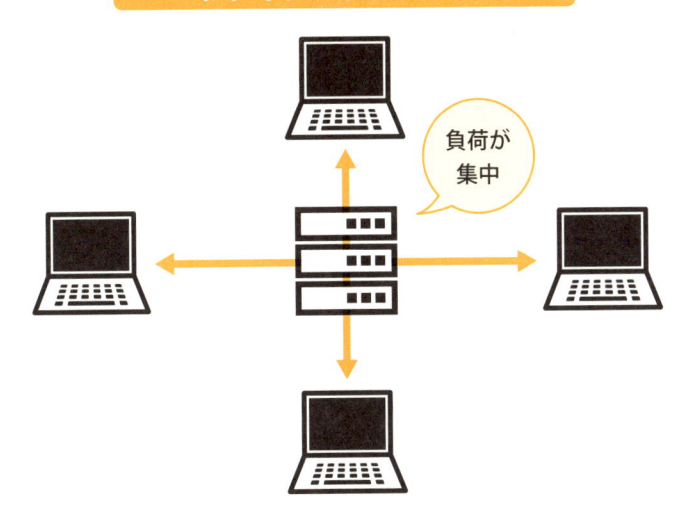

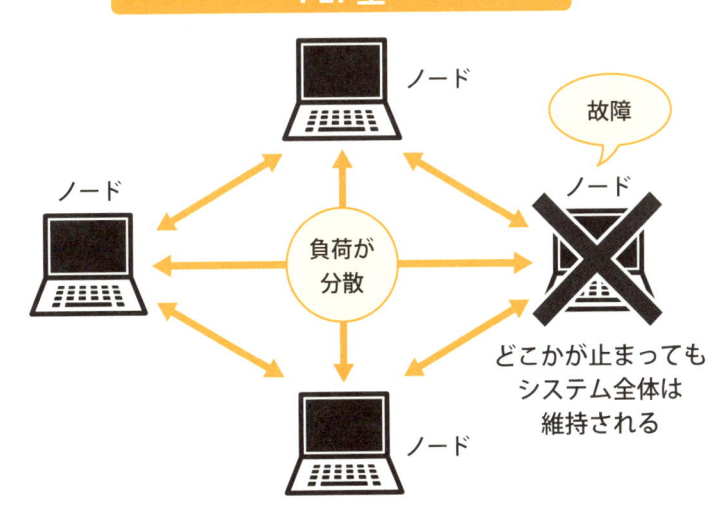

4-3 ハッシュ

ハッシュとは、データの暗号化や改ざん、データの破損を検出するための技術です。 データを定められた計算式に通すと、指定された長さのデータに変換されます。この計算式は**「ハッシュ関数」**呼ばれ、ハッシュ関数を通し出力されたデータを**「ハッシュ値」**といいます。

そしてハッシュには3つの特徴があります。

①ハッシュ値から元のデータを特定、推測することはできない

②データごとにハッシュ値が異なる

③ハッシュ値の長さは常に一定である

以上の3点です。

ビットコインでは、SHA256というハッシュ関数が使われています。例えば、「ブロックチェーン」という文字データをSHA256のハッシュ関数にかけると以下のハッシュ値が出力されます。

455019C84B620229FF2044ECACFDC5106EB41738DA936B61A4184A47A7C87612

このハッシュ値から「ブロックチェーン」というデータを導き出すことはできません。例えば、さきほどの「ブロックチェーン」に付け足して「ビットコインのブロックチェーン」をSHA256のハッシュ関数にかけると全く異なるハッシュ値が出力されますが、その長さは変わりません。

これらの特徴を活用して、データの改ざんを検出します。元のデータに少しでも手を加えると全く異なるハッシュ値となり、元の正しいデータのハッシュ値と比較することで改ざんがすぐにわかります。

ブロックチェーンのブロックには、やり取りできるデータ量には制限があります。ハッシュを用いてどのような長さのデータも安全に一定の長さに変換できることで、安全で効率的なデータ管理を実現しています。

4-3 ハッシュのしくみ

ハッシュ関数：データを入力すると決まった桁数の文字列が出力される

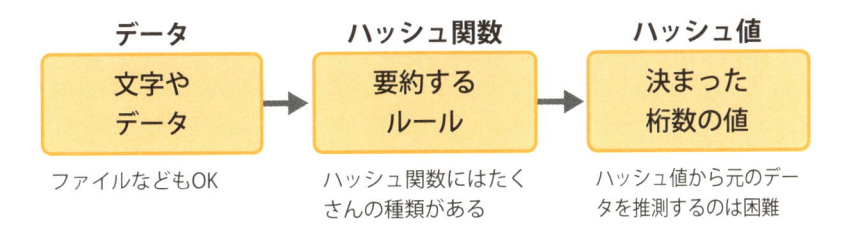

データ
文字や
データ

ファイルなどもOK

ハッシュ関数
要約する
ルール

ハッシュ関数にはたく
さんの種類がある

ハッシュ値
決まった
桁数の値

ハッシュ値から元のデー
タを推測するのは困難

（例）「ブロックチェーン」という文字をハッシュ関数にかけると…

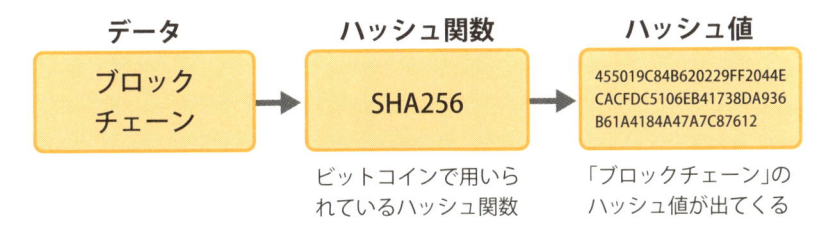

データ
ブロック
チェーン

ハッシュ関数
SHA256

ビットコインで用いら
れているハッシュ関数

ハッシュ値
455019C84B620229FF2044E
CACFDC5106EB41738DA936
B61A4184A47A7C87612

「ブロックチェーン」の
ハッシュ値が出てくる

（例）「ブロックチェーンのビットコイン」という文字をハッシュ関数にかけると…

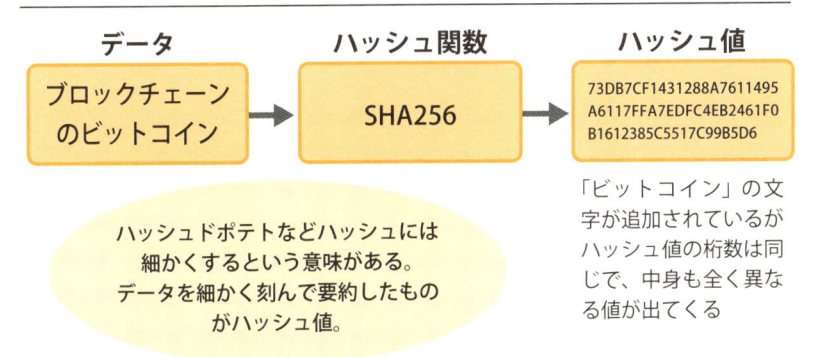

データ
ブロックチェーン
のビットコイン

ハッシュ関数
SHA256

ハッシュ値
73DB7CF1431288A7611495
A6117FFA7EDFC4EB2461F0
B1612385C5517C99B5D6

「ビットコイン」の文
字が追加されているが
ハッシュ値の桁数は同
じで、中身も全く異な
る値が出てくる

ハッシュドポテトなどハッシュには
細かくするという意味がある。
データを細かく刻んで要約したもの
がハッシュ値。

電子署名

🔗 なりすましや改ざん防止のための技術

　ブロックチェーンにおける改ざんの防止には、前項の「ハッシュ」のほかに、「電子署名」の活用があります。

　この電子署名の技術そのものは新しいものではなく、私たちにとってもすでに身近な暗号技術のひとつです。

　電子署名は、

・電子データが本人により作成されたこと（本人証明）

・署名時点からデータ改ざんされていないこと（非改ざん証明）

という電子データの妥当性を証明する2つの機能があります。

　電子データの送信者が署名を生成し、受信者が検証することで第三者による改ざんが行われていないことを確認できます。

　仮想通貨ビットコインにおける取引では、「AさんからBさんに○○BTCをいつ送金しました」という取引データがブロックチェーンに記録されています。電子データには筆跡やサインなどの本人を特定する特徴はありませんので、本当に本人のデータなのか、といった証明が必要になります。

　ビットコインにおける電子署名は、「公開鍵暗号方式」というしくみを用いています。これはインターネットでWebサイトを閲覧したり、サービスへログインする際などにも利用されている技術です。

　公開鍵暗号方式は「公開鍵」と「秘密鍵」というペアとなるキーから成り立ちます。データの送信者は公開鍵と秘密鍵のペアを送信時に作成します。公開鍵はその名のとおり公開してもよいキーで、秘密鍵は他人に知られてはいけないキーです。

　公開鍵を予め受信者に渡しておき、自身が保有する秘密鍵でデータを暗号化します。暗号化によって生成された暗号文を電子署名と呼んでいます。

4-4 電子署名のしくみ

インターネット上で安全に取引するには
データの盗み見、改ざん、なりすましを防ぐ必要がある

公開鍵暗号方式

秘密鍵で暗号化したデータを元に戻すには
ペアの公開鍵が必要

電子署名

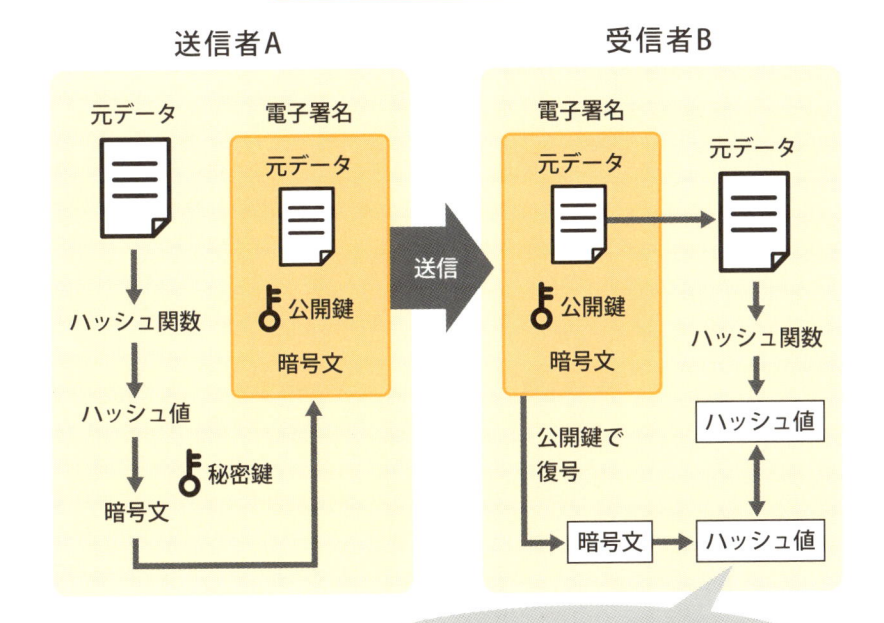

一致していればAが作成し
かつ改ざんされていないとわかる

コンセンサスアルゴリズム

分散型のしくみにおいては、合意形成が重要なポイントになります。

ビットコインのブロックチェーンは、送金に関する取引が記録されていると先述しました。その送金リクエストは、記録される前に承認作業が行われ、「この送金リクエストは正しい」とネットワーク全体で合意が得られた際に取引記録としてブロックチェーンに記録されます。

この承認作業における承認者間での合意形成を得るためのしくみを「コンセンサスアルゴリズム」といいます。「コンセンサス」は合意する、「アルゴリズム」は計算方法という意味ですので、直訳すると「合意を得るための計算方法」となります。

よって、**「合意形成アルゴリズム」** ともいわれます。

ブロックチェーンは「パブリック型」と「プライベート型」の大きく2つに分けることができることは紹介しました。ビットコインはパブリック型のブロックチェーンで、誰でも参加可能・不特定多数の参加者がいます。パブリック型は、誰が参加するか全くわかりませんので、その中に悪意ある参加者が紛れ込んでいる可能性もあります。

一方、プライベート型は、管理者を配置し、その管理者が参加を制限するため、誰でも参加できるわけではありません。特定の企業内や、特定の企業間で利用するブロックチェーンを想定しています。

こうした背景から、コンセンサスアルゴリズムにもいくつかの種類が登場しています。そして、ビットコインには、不特定多数の参加者の中に悪意ある者がいることを想定した **「プルーフオブワーク（PoW）」** というコンセンサスアルゴリズムが採用されています。PoWについては、112ページで解説します。

4-5 コンセンサスアルゴリズムのしくみ

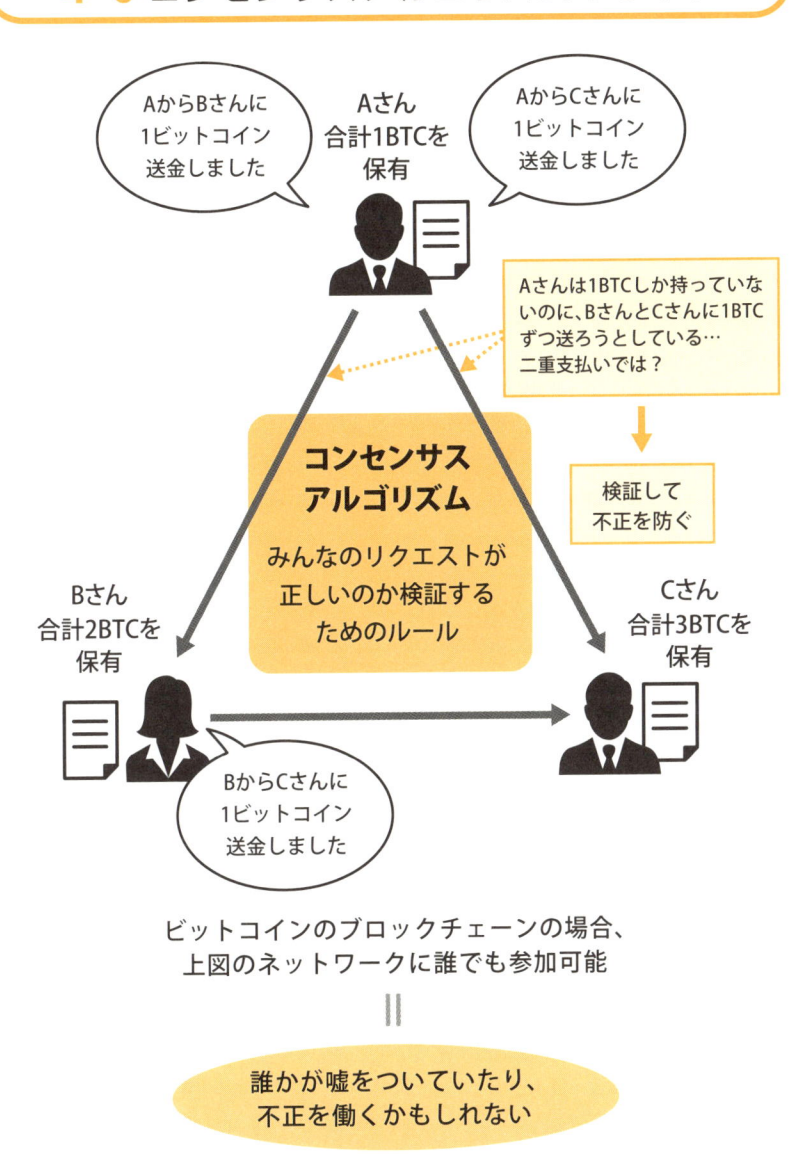

マイニングとマイナー

🔗 新しくブロックを追加するマイニングとその作業者のマイナー

　ビットコインのしくみでは、参加者の送金リクエストを検証してブロックチェーンのブロックを作成・追加する「マイニング」という作業があります。

　ビットコインは、定期的に決まった量が発行されるように事前にプログラムされています。その発行上限は2100万BTC（BTCはビットコインの通貨単位）と定められており、いずれ新規の発行はゼロになります。ビットコインの総量は有限のため「金（Gold）」などに性質は似ています。

　マイニングの作業は競争形式で行われており、その競争に勝利した人が報酬として新規発行のビットコインを受け取ります。これを、金鉱の発掘作業に例えて、**作業者を「マイナー（採掘者）」、検証作業を「マイニング（採掘）」**と呼んでいます。

　新しくブロックを追加するマイニングは、先述した「ハッシュ」が深く関係しています。ビットコインの取引に関するデータはすべてハッシュ値で管理されています。個別の取引データのみならず、これまで追加されてきたブロックにもそれぞれハッシュ値があります。ブロックを追加する権利を競うマイニングでは、直前のブロックのハッシュ値と新しく追加する取引データのハッシュ値、さらに適当な数値（「ナンス」といいます）を合わせて定められたハッシュ値になるようなナンス探しをします。

　ハッシュの項でも触れたとおり、元データが少しでも異なればハッシュ値は大きく変化します。ビットコインのマイニングでは、このハッシュ値の最初に一定数の「0（ゼロ）」が並ぶナンス探しを行います。何度も何度もひたすらナンスを試していって、0が連続する値を見つけ出すという途方もない作業をマイナーが競争して行います。こうして早く競争に勝ったマイナーが新規発行のコインを得ることができるのです。

4-6 ビットコインのマイニング

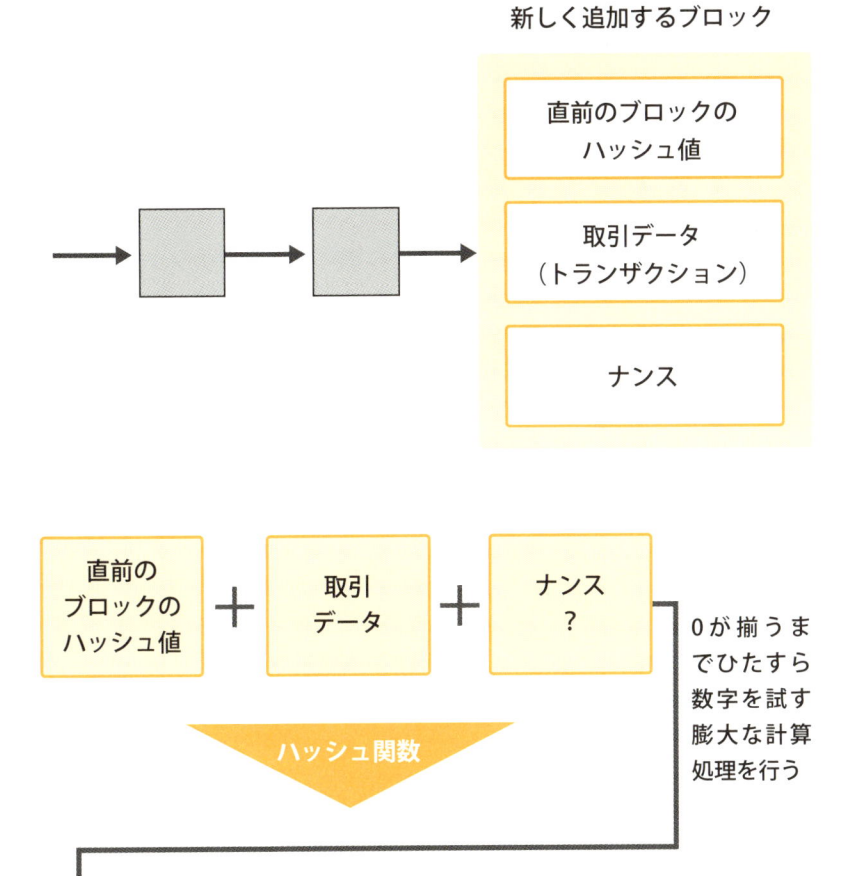

新しく追加するブロック

直前のブロックの
ハッシュ値

取引データ
（トランザクション）

ナンス

直前の
ブロックの
ハッシュ値
＋
取引
データ
＋
ナンス
？

0が揃うま
でひたすら
数字を試す
膨大な計算
処理を行う

ハッシュ関数

00000000036704BE6…

所定の0が並ぶハッシュ値

ナンス：Number used once（一度だけ使用される使い捨ての数字）の略

4-7 プルーフオブワーク （PoW）

　ビットコインは、プルーフオブワーク（Pow：作業量による証明）というコンセンサスアルゴリズムを採用し、P2Pネットワーク上での電子決済システムを実現しています。特定の管理者がいない不特定多数の参加者がいる中で、「はい、この取引はOKです。次の仕事に取りかかりましょう」という合意を得なければシステムは稼動し続けられません。

　作業量の着目は、ひとつにマイニングにおける膨大な計算処理にあります。 検証作業が簡単にできないようにハッシュ値に適当な数値「ナンス」を組み合わせますが、ナンスの発見には大規模なコンピューターリソースが必要となります。新しく追加するブロックの計算も大変なのに、過去のどこかのブロックを改ざんする作業はもっと大変で、コンピューターリソースがさらに余計にかかります。少しでもどこかをいじってしまうと数値が変わってしまうというハッシュ値のしくみが活きているのです。どこかを改ざんするには全体で整合性が取れるようにハッシュを再計算しないといけません。それだけのコンピューターリソースがあるなら、マイナーとして承認作業に参加していたほうが経済合理性があります。これがビットコインにおける報酬です。PoWと報酬という組み合わせがポイントになっています。

　また、マイニングは競争ですので、同着優勝するケースが出てきます。すると、その時点でブロックチェーンは2つに分岐してしまいます。その際も、**「一番長いブロックが正しい」（＝作業量が多い）という予め定められたルールがあります。** マイナーは分岐したブロックを見て長く続きそうなチェーンのマイニングに取りかかります。そこで一定の承認が得られると、そのブロックチェーンが正しいと確定して取引が続いていきます。分岐したブロックチェーンの取引はキャンセル扱いとなりやり直しになります。

4-7 Proof of Workのしくみ

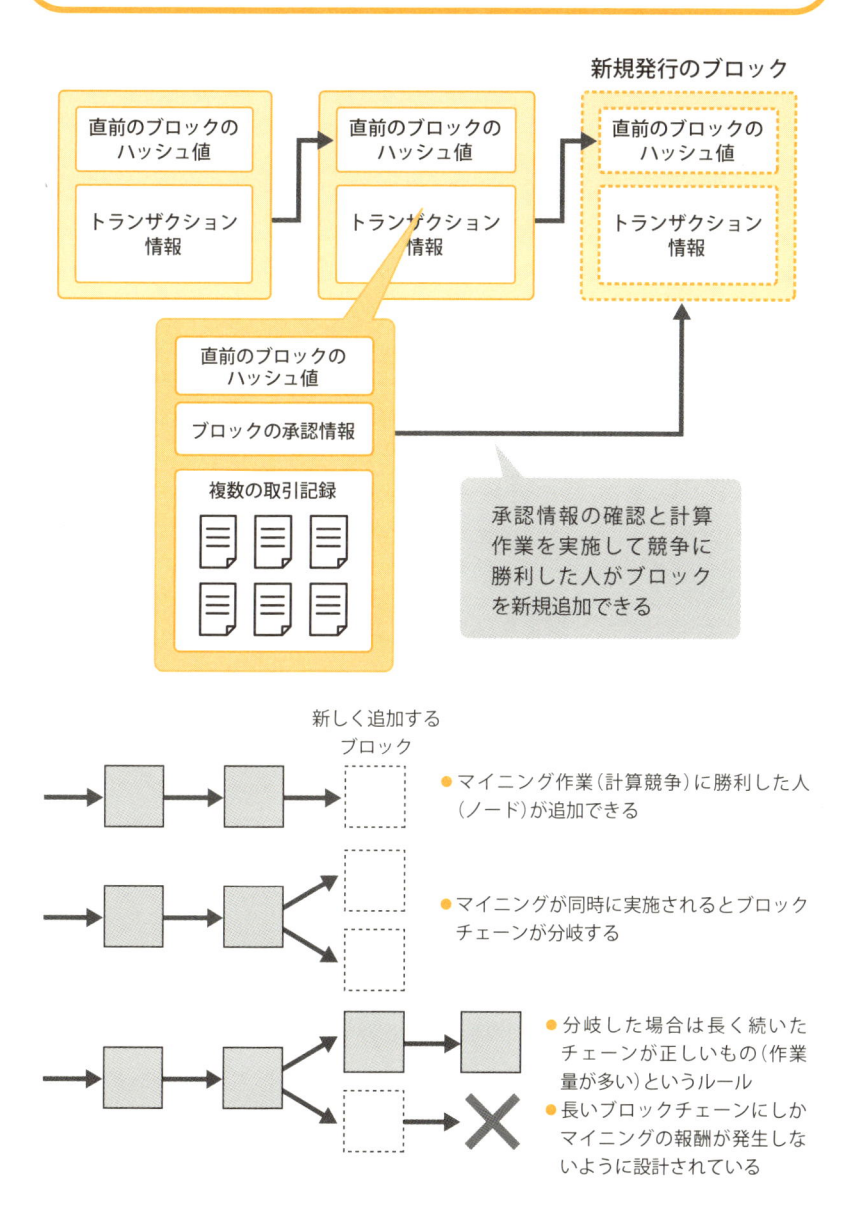

新規発行のブロック

承認情報の確認と計算作業を実施して競争に勝利した人がブロックを新規追加できる

新しく追加する
ブロック

- マイニング作業（計算競争）に勝利した人（ノード）が追加できる

- マイニングが同時に実施されるとブロックチェーンが分岐する

- 分岐した場合は長く続いたチェーンが正しいもの（作業量が多い）というルール
- 長いブロックチェーンにしかマイニングの報酬が発生しないように設計されている

4-8 その他のコンセンサスアルゴリズム

　取引の承認者間で正しく合意形成を得るためのブロックチェーンにおけるコンセンサスアルゴリズムは、PoWだけではありません。ビットコイン以外での用途を想定した場合、用途に応じたコンセンサスアルゴリズムを使い分ける必要があり、いまもなおあらゆるアルゴリズムが研究されています。

　ここではいくつかのコンセンサスアルゴリズムを見ていきましょう。

●PoS（Proof of Stake）

　より多くのコインを保有するマイナーが優先的にマイニングできるアルゴリズムです。「大量のコインを持っているマイナーは、自身が保有するその価値を守るためにシステムの信頼性を損なうようなことはしないだろう」という考えに基づいています。

　PoWのように膨大な作業を必要とせず、コインの保有量を基準とします。そのためPoWで必要とされた電気代や機材のコストが不要です。

●PoI（Proof of Importance）

　PoIはPoSの拡張版です。PoSは、運用コストの削減を実現しましたが、コインの保有者がコインを溜め込むといったデメリットがありました。そこでPoIでは、コインの保有量に加えて取引の多さを評価基準としたアルゴリズムです。

●PBFT（Pratical Byzantine Fault Tolerance）

　PoWやPoSと異なり、特定の管理者を設置し、参加者であるノードの役割を限定します。特定のノード間での多数決とすることでスピーディーな処理が可能で取引を確定させます。多数決で合意形成してからブロックを生成するため分岐が発生せず、ファイナリティ（決済処理を確実に完了させること）の不確実性が解決されます。

4-8 PoW以外の合意形成アルゴリズム

PoSの特徴

- stakeとは「出資金」という意味
- 最も多くその仮想通貨を持つ者を基準としたアルゴリズム
- セキュリティレベルがPoWよりも高い
- マイニング作業にPoWのように多くのコスト（電力費など）がかからない
- 51%攻撃（122ページ参照）の問題を解決

PoIの特徴

- importance（重要性）はコインを溜め込む者よりもコインの取引した額や取引をきちんとしている人（活動度合い）を重視するという意味
- 仮想通貨を多く保有していることに加え、取引の多さや信用力を基準としたアルゴリズム
- 仮想通貨でのPoWとPoSはコインを多く保有する者がさらにコインを増やす可能性が高いため、その問題を解消したしくみ

PBFTの特徴

- それぞれの頭文字の日本語訳は次のとおり。practical（実用的）、byzantine（ビザンチン障害※）、fault tolerance（欠陥への耐久性）
- 特定のノードにブロックを生成する権限を集中させ、そのノードたちの合議で取引承認を行うことを基準としたアルゴリズム。不正なブロックの追加を防止する
- ファイナリティの確実性と高速な認証取得が実現できることから金融業界で注目

※ビザンチン障害とは、東ローマ帝国（ビザンチン帝国）で複数の将軍がある都市を侵攻するにあたり、攻撃または撤退について合意形成するとき、一部の将軍が反逆者となり攻撃か撤退かを恣意的に選択して問題化させることの逸話を分散型コンピューティングのシステムに当てはめ、一部のコンピュータが問題を複雑化させること

コンセンサスアルゴリズムに基づくブロックチェーンの分類

🔗 管理者の有無が分類のポイント

　ブロックチェーンそのものの定義とその分類には明確な定義はありませんが、現時点では大きく3タイプに分ける考え方があります。

　その根底にはそのしくみを誰が管理し、誰が参加するのかを決定する承認方法、つまり、コンセンサスアルゴリズムの考え方に基づきます。よって、**この分類の最大のポイントは、「管理者の有無」と「ネットワークの公開環境」です。**

①パブリック型ブロックチェーン

　管理者のいないオープンなブロックチェーンです。ビットコインのブロックチェーンが該当します。不特定多数の参加者がネットワークに参加可能なため、不正防止のためにしっかりとしたコンセンサスアルゴリズムを用いることが必要です。

②プライベート型ブロックチェーン

　管理者のいる限られた空間でのみ利用できるブロックチェーンです。単一の企業内で利用するようなケースを想定しています。ネットワークの参加者も限定され、その分不正リスクも低くなるため、柔軟なコンセンサスアルゴリズムの設定が可能となります。

③コンソーシアム型ブロックチェーン

　複数の管理者が管理するブロックチェーンです。プライベート型と同様に許可された参加者のみネットワークに参加することができます。複数の企業間で利用されるようなケースを想定しています。

　現在、国内外で取り組まれているプロジェクトの多くがプライベート型、コンソーシアム型のブロックチェーンです。

4-9 コンセンサスアルゴリズムに基づく3つの分類

パブリック型ブロックチェーン

- 誰でも参加
- ビットコイン
- 不特定多数のノードやマイナーが取引の承認を担う
- 自律分散的システム

プライベート型ブロックチェーン

- 組織内の一部の人が参加
- 一部のノードが取引の生成や記録を担う
- 準中央管理的システム

コンソーシアム型ブロックチェーン

- 特定多数の人が参加
- 複数の企業間取引に利用できるシステム

プライベート型とコンソーシアム型を同じカテゴリーにする場合もある

国内のブロックチェーン プラットフォーム

🔗 独自開発による実証実験が急速に進む

　日本国内におけるブロックチェーンの独自開発は急進しており、様々なプロダクトやサービスの提供や、大手企業を含めた実証プロジェクトが行われています。

● Orb DLT（オーブディエルティ）

　Orb社が提供する独自の分散型台帳技術です。これまで、日本の大手企業と様々な実証プロジェクトを行ってきたなかで、独自の技術開発を実施してきました。2017年6月からは、三井住友海上火災保険とWebシステム開発企業である電緑（東京・品川）と共同でOrb DLTを活用した損害鑑定業務の実証実験を開始しています。

● mijin（ミジン）

　テックビューロ社が、プライベートP2Pネットワークを誰もが利用にできるように開発・提供された汎用型プラットフォームです。銀行における基幹システムへの適用などに利用されています。2017年2月から日立ソリューションズが提供するポイント管理ソリューションにおけるブロックチェーン適用検証に採用されています。ベルギー・アントワープ市の電子行政システムの適用対象として採用されるなど、海外でも活用されています。

● miyabi（ミヤビ）

　国内最大規模のビットコイン取引所を運営するビットフライヤー社が開発・提供したプライベート型ブロックチェーン技術です。独自に開発したコンセンサスアルゴリズムを搭載することで、高速な取引処理や取引の確定を実現しています。みずほフィナンシャルグループ、三井住友銀行、三菱UFJフィナンシャル・グループが実施した国内の銀行間振込業務におけるブロックチェーン技術の実証実験において採用されています。

4-10 国内の主なプラットフォーム

プロダクト	提供会社	主な実績
Orb DLT	株式会社Orb （東京都港区）	● 2017年6月からは、三井住友海上火災保険と電緑と共同で損害鑑定業務の実証実験を開始
mijin	テックビューロ株式会社 （大阪市西区）	● 銀行における基幹システムへの適用をはじめ国内外で多くのプロジェクトを実施 ● 2017年2月から日立ソリューションズが提供するポイント管理ソリューションにおけるブロックチェーン適用検証に採用 ● ベルギーのアントワープ市の電子行政システムの適用対象として採用されるなど海外での実績もある
miyabi	株式会社bitFlyer （東京都港区）	● 独自に開発したコンセンサスアルゴリズムを搭載することで、高速な取引処理や取引の確定を実現 ● みずほフィナンシャルグループ、三井住友銀行、三菱UFJフィナンシャル・グループが実施した国内の銀行間振込業務におけるブロックチェーン技術の実証実験において採用

4-11 海外のブロックチェーンプラットフォーム

そもそもブロックチェーン技術は欧米から始まったトレンドです。ここでは、海外で誕生した主なプラットフォームを紹介します。

●Bitcoin Core（ビットコインコア）

ビットコインは、サトシ・ナカモトなる人物が書いた論文をもとに、その論文の趣旨に賛同したエンジニアたちが有志で開発した技術です。この技術を構築しているプログラミングコードを元に作成されたソフトウェアが、ビットコインコアです。よって、ビットコインコアは世界初のブロックチェーン技術ということです。なお、このソフトウェアは、誰でも公式サイトからダウンロードすることができます。

●Ethereum（イーサリアム）

いまではイーサリアムと聞くとビットコインに次ぐ仮想通貨と認識される方が多いようですが、本来はビジネスや行政サービスなどに幅広く利用できるように開発されたスマートコントラクトを実現するためのプラットフォームです。スマートコントラクトの利用には基軸通貨イーサ（Ether）が必要となります。その仮想通貨の価値が急速に上昇したことから、イーサリアム＝仮想通貨のように思われるようになりました。

●HyperledgerFabric（ハイパーレッジャー）

仮想通貨をはじめあらゆるものに利用できる技術を開発しようとの理念のもと発足したブロックチェーン技術の推進コミュニティです。

Linux Foundationが中心となり進められていることから、オープンソースを前提に世界中から賛同企業を集めています。開発の主導は米IBMですが、日本からも富士通や三菱UFJフィナンシャル・グループが参加しています。上記のプラットフォームのように、独自の仮想通貨は持ちません。

4-11 海外の主なプラットフォーム

Bitcoin Core

- ビットコイン誕生のきっかけとなるサトシ・ナカモトの論文をもとに2008年開発スタート
- 開発者たちによりソフトウェアBitcoin Coreが作成される

Ethereum

- 一般の人には仮想通貨の名称としての認識が高いが、新たにプロジェクトを始める場合などのスマートコントラクトを実現するために誕生した
- 契約条件を強制的に履行させるしくみを実装させているのでビジネスのユースケースに有効
- そうしたプロジェクトで使われる仮想通貨をEther(イーサ)という

HyperledgerFabric

- ハイパーな台帳(ledger)という名が示すように、ビジネスにおける多様性を追究しているため、その開発はオープンソースにより行われている
- 開発主導は米国IBMであり、日本の富士通、三菱UFJフィナンシャル・グループはじめ、世界中の30社以上が開発に関与

51％攻撃と非中央集権への疑問

　ブロックチェーンにも弱点と呼べる問題点があります。その1つが通称「51％攻撃」と呼ばれる問題です。

　ビットコインの新規発行には、PoWという合意形成アルゴリズムが採用されています。この方法によって、マイナーたちはブロックの検証を多数決でしかも競争で行い、その競争の勝者がビットコインを得るしくみです。そのため、過半数を特定のマイナーの計算能力が占有すると過去の取引や現在の取引の結果を操作することができるようになります。

　実際に、ビットコインのPoW、マイニングでは、膨大な計算処理のためのコンピューターリソースが必要となり、その稼動には莫大な電気代などがかかります。そのため、マイナーの多くは、企業組織が行っており、その多くが電気代の安い中国などに集中しているといわれています。

　また、ビットコインのマイニングにおける計算能力が高い上位のマイナーを合わせると、すでに過半数（51％）を超えています。それらの上位のマイナーたちが結託すれば51％攻撃は実施できる状態にあるといえます。ただし、51％攻撃が発生した場合、ビットコインの価値はどうなるでしょうか？　おそらく多くの保有者はビットコインに対して不信を抱き、目先の不安から売却することになるでしょう。

　そのため、有力マイナーたちも、わざわざコストをかけて不正を行い、仮にビットコインを手に入れてもその価値が毀損するリスクがあるのであればそんな無駄はせず、むしろ通常のマイニングを行ったほうが合理的と考えるはずです。そうしたこともあって、現状、こうした問題は発生していません。

　しかし、ビットコインの多くが、中国国内でマイニングされ、発行されているとすると、「本当に非中央集権の通貨といえるのか？」といった議論があるのも事実です。国が主体となってマイニングを支援した場合は、事実上、その国の影響下に入るのではないか、といった指摘もあります。

第5章

ビットコインのしくみとは?

5-1 ビットコインをはじめる

🔗 自分で使ってみてはじめて理解が深まる

　ビットコインは法定通貨とは違い、発行し続けることはできません。金（Gold）と同じように、絶対量が決まっています。ですから、やがて新規発行は止まります。だからこそ、その希少性もあって投資の対象として語られることが多いのです。

　実際、発行当初はほとんど無価値に近かったものが、本書執筆時点（2017年9月）では、1BTC50万円を超えており、その価値は大きく上昇しています。日々の価格変動の大きさから、投資対象として急速に注目されています。よって、投資対象としてビットコインを考えるとき、そのリスクについてもよく認識しておくことが極めて重要だといえます。

　また、ビットコイン取引所であるマウントゴックス社の破綻（2014年4月）や、ビットコインが2つに分裂したこと（2017年8月）などがテレビや新聞で大きく報道されたことで、それまでその存在を知らなかった人たちにも大きな関心事となってきています。

　このあとの項で述べるように、ビットコインは仮想でありながら通貨の役割があるため、投資対象だけではなく、モノの売買の決済や国内外への送金手段としても利用できます。

　ただ、決済手段としては大手家電量販店などでは電子マネーなどと同じように使えるものの、まだまだ他の支払い手段と比較して、大きなメリットがあるとはいえない状況です。

　筆者も実際にビットコインを利用しています。右の写真はイギリス・ロンドンに出張に行ったとき、パブでビットコイン支払いをした様子です。まずは、使ってみる。体験してみてはじめて、そのメリット・デメリットがわかるものです。

5-1 ビットコインに触れてみる

ビットコインで購入したドリンク
（イギリス・ロンドン）

コワーキングスペース内にあるビットコインATM
（イギリス・ロンドン）

ビットコインの活用法

5-2

🔗 投資、送金、決済に使うことができる

　ビットコインは仮想通貨として、日本円などの法定通貨とほとんど同じような使い方をすることができます。ここではビットコインでできることについて紹介します。

①投資対象として

　ビットコインは世界中で取引が行われていて、その価格は日々変化しています。投資の世界では、価格の変動幅の比率を「ボラティリティ」と呼びますが、ビットコインはボラティリティが高いのが特徴です。そのため、投資対象として人気があり、利用者の多くが投資として利用しています。

②送金手段として

　ビットコインは相手の送信先がわかれば世界中どこでも送金することができます。オンライン上の取引所や両替所で米ドルや日本円と双方向で交換できるので、為替として利用できます。銀行の海外送金などと比較して、その送金手数料は格安なため海外送金にメリットがあります。

③決済手段として

　ビットコイン決済に対応しているレストランやカフェなどの店舗で、支払いの手段として利用することができます。ほとんどの場合、スマートフォンで店舗側のQRコードをスキャンすれば支払いは完了します。

　このように、通常の通貨や金融商品のようにビットコインを利用することができます。**ただし、ビットコインの最大の特徴であるボラティリティの高さは、投資で活用するにはいいのですが、送金や決済には向いていません。**

　そのため、店舗がビットコイン決済を導入する場合の価格変動リスクは、ビットコイン決済代行を行う企業が、そのリスクを肩代わりしています。

5-2 ビットコインでできること

投資対象として

- ビットコインはボラティリティが高いのが特徴
- 投資対象として人気があり、利用者の多くが投資として利用

送金手段として

- ビットコインは相手の送信先がわかれば世界中どこでも送金することが可能
- 送金手数料は格安なため海外送金に利用する人がいる

決済手段として

- ビットコイン決済を受付けているレストランやカフェなどの店舗で、利用可能
- スマホで店舗側のQRコードをスキャンすれば支払いは完了

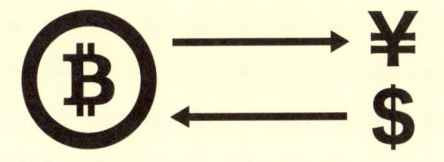

5-3 ビットコインでの決済

　ビットコインの決済、支払い手段はどのようになっているか、見てみましょう。2017年4月に家電量販店ビックカメラがビットコイン決済をスタートしたとして話題になりました。対応店舗を順次拡大させていくとのことで、みなさんのお近くの店舗でも利用できるかもしれません。

　国内でも、お寿司屋、カフェ、バー、レストラン、接骨院、美容室などビットコイン決済を導入する店舗が登場しています。**店舗側のメリットとしては、新たにシステム導入する費用がほとんど必要ないこと、決済手数料がクレジットカードが5〜8％などに比べて1％ほどと安いことがあげられます。**

　また、こうした店舗向けにビットコイン決済を提供している企業は、ビットコインの価格変動リスクを肩代わりしており、売上金も日本円で受け取るか、ビットコインで受け取るかを選ぶことができます。

　店舗から見れば、導入にあたりリスクやデメリットはあまりありません。**利用者目線で見ると、電子マネーなどと同様に、現金を使わずに簡単に決済することができます。ただし、日々の買い物や支払いでビットコインを利用する独自のメリットや利便性はあまりないのが現状です。**

　そうした問題はありますが、投資対象として保有するビットコインが値上がりすれば決済に利用したいというニーズがありますし、国内ではなく海外で利用すれば外貨両替等の手間は不要となります。

　いずれにせよ、利用できる裾野が広がることは良いことです。実際に、世界でビットコイン決済が可能なサービスや店舗を調べてみると、都市部を中心に多くあることが確認できます。

　ビットコインの時価総額やウォレットユーザー数と同様に、決済で利用できる店舗も増加を続けており、着実に裾野は広がっています。

5-3 ビットコインが使えるところ

家電量販店

中国料理店

レストラン

クリニック

美容院

メガネチェーン

学習塾

法律事務所

ネットショップ

日本国内でもさらに
使える場所は広がっている

5-4 ビットコインの発行量

🔗 上限が2100万BTCに決められている

　ビットコインの最大の特徴でもありますが、注目を集める最大の理由は投資対象としての魅力です。発行量が全体で2100万BTCと定められており、年々その上限に近づいていきます。2017年9月現在の発行量は1600万BTCを超えています。年々発行量が減少していき、このままいけば、2140年には上限に達するといわれてます。

　そういった意味ではビットコインは有限であるため、金（Gold）などの資産に性格は似ています。現在世界で流通している金の量は50メートルプール3.5杯分といわれており、残りの埋蔵量がそのプール1杯分だそうです。希少性があるから資産価値も高いのですが、現在のビットコインもそれと同様に期待されているため、急激に投資対象として注目されているのです。確かに2016年9月に1BTC6万円でしたが、2017年9月には1BTC50万円を超えています。

　ただし、裏づけとなる資産は何もありません。言い換えればただの電子データであり、世界中の誰もが信じなくなればすぐに価値はゼロとなります。そうしたリスクがあるにもかかわらず、人気が衰えないのは、実際に投資して利益を得る人がいることに加え、安全な運用を続けるブロックチェーン技術への信頼と期待のためでしょう。

　ビットコインは人々の需給によってその価格が常に変動しています。そうした意味では、かつての土地や株式のバブルを彷彿とさせますが、バブル経済の反省に鑑みるなら、仮想通貨のあり方を冷静に見つめ、膨張点が来るリスクを自らの責任において理解しておくことではないでしょうか。

　これからの商取引の通貨としての可能性もよく見極めながら、ビットコインとつき合っていく姿勢がとても大事なことになってくるものと思われます。

5-4 ビットコインの発行量

総発行量

2100万BTC

現在発行量

約1600万BTC

2017年9月現在

最終発行年

2140年頃

（4年ごとに半減していき、2033年にはほとんど新規発行がない状態になるが、完全に発行が止まるわけではない）

5-5 ビットコインのユーザー数

🔗 世界規模で急速に拡大している

　ビットコインの具体的なユーザー数を知るのは現状、できません。そこで**おおよその数を推測するうえで、ウォレットの利用者数を見るという方法があります。**ウォレットとはビットコインを保管する財布機能のアプリです。ビットコインは電子データなのでデジタルに保管しておく場所と安全な出し入れが必要になります。その機能を果たすのがウォレットです。つまりどれだけの人が財布を持っているか＝ビットコインを持っているかということからユーザー数を把握するアプローチです。

　世界のベンチャー企業を調査するVenture Scanner社によると、ウォレットサービスを提供する企業は2017年5月時点で108社あるとしています。そのなかでも、ビットコインが登場した当初からウォレットサービスを提供しているのがBlockchain社です。同社のウォレットサービスは世界最大規模で、**2017年9月現在、1500万人**を超えています。

　日本の仮想通貨取引所で最大手のbitFlyerは、2017年5月に同社の顧客数が60万人を突破したと発表しました。

　同社が扱うビットコインの月間取引量は8000 億円を突破しており、日本国内全体のビットコイン取引量は 1 兆円規模となっています。テレビCM等も積極的に実施していたことから、「ビットコイン」がより広く人々に認知され、実際の利用者も増加していることが推測されます。

　また、日本国内でビットコインを利用できる店舗は数千店舗あるといわれており、2017年7月にはリクルートグループが提供するモバイル決済サービス「Air レジ」コインチェックと連携してビットコイン決済に対応しています。同社のAir レジを導入する26万の店舗でビットコイン決済ができます。着実に日本国内でも利用者や利用場面は増加しているようです。

5-5 世界全体の数字

Blockchain社のウォレット数

1500万人

2017年9月現在

bitFlyer社の顧客数

60万人 突破

2017年5月現在

日本国内のビットコイン
取引量は1兆円規模

5-6 ビットコイン以外の仮想通貨

🔗 仮想通貨の総称アルトコインは数百種類

　仮想通貨の代表選手はビットコインです。その時価総額は仮想通貨の中での1位です。現在では絶対優位の位置にありますが、その一方で、ビットコイン以外の仮想通貨もたくさん生まれています。

　ビットコインの後に誕生した仮想通貨を総称して「アルトコイン」と呼んでいます。現在、アルトコインは数百種類あるといわれています。 アルトはalternative（代替の）の略です。

　ビットコインは、マイニング（ブロックの追加）に10分間の時間を必要としたり、コインの発行上限が2100万BTCと設定されているなどいくつか設計上の決まりごとがあります。売買には取引所を介します。

　アルトコインは、ビットコインのしくみを参考にしつつ、決済に必要な時間や、発行上限数などにそれぞれ違いがあります。

　ビットコインよりもより便利で使いやすい仮想通貨や、ビットコインとは異なるコンセプトを求めて構築しようとあらゆる人々が挑戦してきたわけですが、現時点でビットコインの人気を超える仮想通貨は誕生していません。

　それぞれの仮想通貨の時価総額や価格の推移はネット上で確認することができます。その中からいくつかご紹介します。

●Monacoin（モナコイン）

　2013年に日本で初めて公開された国産の仮想通貨です。時価総額は世界的にみて大きくありませんが、日本国内でも取り扱っている取引所で売買することができます。総発行数はビットコインよりも多く、1億512万枚です。

●Litecoin（ライトコイン）

　ビットコインに次いで2011年に登場した仮想通貨で、決済時間がビットコインの1/4です。総発行数は8400万枚です。

5-6 ビットコインと他の仮想通貨

主な仮想通貨

1. Bitcoin
2. Ethereum
3. Bitcoin Cash
4. Ripple
5. Litecoin
6. NEM
7. Ethereum Classic
8. Dash
9. IOTA
10. Monero

※2017年9月の時価総額順

●国内の主な仮想通貨取引所の扱い通貨一覧　2017年9月6日時点

取引所名	設立	取り扱い仮想通貨
bitFlyer	2014年1月	Bitcoin、BitcoinCash、Ethereum、Ethereum Classic、Litecoin（5種類）
coincheck	2012年8月（2014年8月にビットコイン事業開始）	Bitcoin、Ethereum、Ether Classic、Lisk、Factom、Monero、Augur、Ripple、Zcash、NEM、Litecoin、DASH、Bitcoin Cash（13種類）
Kraken	2011年7月（米国本社）	Bitcoin、Ethereum、Monero、DASH、Litecoin、Ripple、Stellar、Ethereum Classic、Augur、ICONOMI、Melon、Zcash、Dogecoin、Tether、Gnosis、EOS（16種類）
Zaif	2014年6月	Bitcoin、NEM、Mona coin（3種類）、各トークン

ビットコイン以外にも各社複数の仮想通貨を取り扱っている

5-7 ビットコインの入手方法

🔗 購入、もらう、報酬として得る

ビットコインの入手方法は次の3つです。**①取引所・販売所で購入する、②誰かにもらう（送金してもらう）、③マイニングに参加して報酬を得る。**

ここでは、一般の人が実施しやすい取引所での購入について紹介します。

現在、日本国内には複数のビットコイン取引所を運営する企業があります。日本の金融機関グループや大手事業会社などのベンチャーキャピタルから出資を受けている企業も複数あるため、資本面やコンプライアンス、セキュリティ面では安心できる企業が多いといえます。ここでは国内の主なビットコイン取引所を使ってビットコインを購入するまでの流れを紹介します。

①専用アプリかウェブサイトでアカウントを作成する

取引所ごとにある専用のモバイルアプリをダウンロードし、フェイスブックなどのSNSか必要事項を入力してアカウント登録を行います。

②本人確認を行う

ビットコインの取引には、マネーロンダリングなどの不正防止のために本人確認の実施が必要です。運転免許証など本人確認書類を写真で撮影し、メールで送りします。その後、本人確認完了のメールが取引所から届き、自宅に住所確認のための簡易書留が届きます。これを受け取り、住所の確認が取れれば登録完了です。ここまでは銀行や証券会社の手続きと同様です。

③買い付け資金を入金してビットコインを購入する

銀行振込やクレジットカード決済で買付代金を入金します。入金が完了後に購入したいビットコインの数量（単位はBTC）を入力すると日本円の買付金額が表示されますので、問題なければ購入ボタンを押します。最低0.01BTCから購入できます。

これでビットコインが入手できます。誰でも簡単に行うことができます。

5-7 ビットコイン購入までの流れ

STEP1

アカウント作成する

- ●ビットコイン取引所のアプリやウェブサイトからアカウントを作成する
- ●フェイスブック等のSNS連携で作れる場合もある

STEP2

本人確認を行い
必要情報を登録する

- ●金融機関と同様に運転免許証などの本人確認書類の提出が必要
- ●自宅に住所確認のための簡易書留が届くので受け取る

STEP3

買付代金を入金して
ビットコインを購入する

- ●買付代金を入金する
- ●ビットコインの数量を指定して注文を出せば購入が完了

ビットコインを売却する

🔗 取引所、専用ATM、個人間での換金

　ビットコインの売却方法のうち、最も一般的なのが取引所の利用です。空港の外貨両替所のイメージに近く、「店頭取引」ともいわれます。

　また、本章のはじめに掲載した写真のように「ビットコインATM」の利用も可能です。日本ではまだ20カ所にも満たないですが、東京オリンピック・パラリンピックの開催が近づくにつれ、設置場所も増えることが予測されています。現在も六本木や渋谷の飲食店内に設置されているのは、外国人の方の利用が多いからのようです。これ以外では、個人間の売却があります。

　以下に店頭取引の行い方を紹介します。

①専用アプリか専用ウェブサイトを利用する

　各社の専用ページは購入と同様に売却のタブが用意されています。売却ボタンを押すと売却数量の入力画面が表示されます。売却数量を入力すると日本円の代金が自動表示されますので、問題なければ売却を選択します。

②売却代金を送金する

　ビットコインを売却して手に入れた日本円はそのまま取引所に置いておき、再びビットコインの購入に充てることもできます。現金に換金して送金したい場合は自身の銀行口座情報を登録して出金を実施すれば着金します。

　以上のようにビットコインの購入、売却はとても簡単です。取引所によっては、通常の株式やFXと同様にレバレッジ取引や信用取引でビットコインを売買できるところもあります。十分慣れてきた方はそうしたトレード手法を利用することもできます。

　ただし、ビットコインはボラティリティ（価格変動）が大きく、投資としての利用の場合、当然損失が発生する可能性があります。法整備が進んでいるとはいえ、リスクの勘案が必要です。

5-8 ビットコイン売却までの流れ

STEP1

売却したいビットコイン
数量を入力する

- 保有しているビットコインの
  うち売却する数量を入力する

STEP2

売却金額を確認して
注文を出す

- 売却数量を入力すると売却金
  額が表示されるので確認する
- 売却価格は常に変化するので
  よく確認を行うこと

STEP3

売却代金を現金化する

- 売却代金は登録銀行口座に送
  金することができる（別途手
  数料がかかる場合がある）
- 売却代金は再びビットコイン
  の購入に充てることも可能

ビットコイン ATM がある都市

東京、茨城、千葉、神奈川、大阪、
京都、三重、岡山、福岡、鹿児島

2017年8月現在

ビットコインを保管する

🔗 ウォレットサービスを使うのが一般的

ビットコインを保管する場合、①専用のウォレットサービスを使う、②取引所に預けておく、という2つの方法があります。

②の場合、2014年のマウントゴックス事件のように、ビットコインが失われるリスクがないとは限りません。マウントゴックスの反省から各取引所では資産の分別管理や、セキュリティ対策、専用の保険に加入するなど対策を講じていますが、用途に応じて分散管理することが好ましいといえます。

そもそもビットコインは、自身でビットコインのソフトウェアをダウンロードすればビットコインの保管・送金を行えます。ただし過去のすべての取引履歴をダウンロードしたり、ビットコインのアドレスを管理するのは大変なため、専用サービスを使うことが一般です。その機能を提供するビットコインウォレットは、ビットコインアドレスと公開鍵および秘密鍵を保管してくれるサービスで、ビットコインの送金・受取もできるのが一般的です。

そして、**いくつかあるビットコインを保管するウォレットサービスのうち、一般的なのはモバイルアプリのウォレットサービスです。**こうしたサービス運営企業ではウォレットの作成・管理に手数料等の費用をユーザーから徴収しません。ただし、ウォレットからの送金時の手数料を得るビジネスモデルとなっています。そのしくみは次のとおりです。

ビットコインを誰かに送金する際には手数料を自由に設定でき、その金額が高いほど送金リクエストが承認されやすくなります。そのため、ウォレットサービスでは、「通常」「優先」「カスタマイズ」といったランク分けで送金手数料を設定しています。ビットコインのネットワークそのものに支払い手数料とウォレットサービスを提供する企業の取り分をあわせた金額が送金手数料の総計となります。

5-9 国内の主なウォレット

		特徴	リスク
通常の取引所	取引所	●普段よく利用している場合は使いやすい	●取引所がハッキングされた場合や、破綻した場合リスクとなる
主なウォレットの分類	モバイルアプリウォレット	●使いやすく設計されている ●送金や受取もQRコードなどで手軽に利用できる	●サービス提供企業や、自身でアプリを誤って削除したりデータを紛失すると利用できなくなる
	ハードウォレット	●ハードや専用端末に保管できる ●オンラインに接続されていないので、攻撃されるリスクがない ●送金などを行う際は、モバイルウォレット等に移動する必要がある	●ハッキング等のリスクはないが、ハードウォレットそのものを紛失したり盗難するリスクがある
	ペーパーウォレット	●秘密鍵などの情報を紙に印刷して保管するオンラインに接続されていないので、攻撃されるリスクがない ●送金などを行う際は、モバイルウォレット等に移動する必要がある	●ハッキング等のリスクはないが、ペーパーウォレットそのものを紛失したり盗難するリスクがある

5-10 ビットコインを送金する

　ビットコインを送金する場合、相手のビットコインアドレス（銀行口座のようなもの）が必要となります。ビットコインアドレスの作成や、ビットコインの送金そのものは、すべてビットコインのソフトウェアをダウンロードすれば行うことができます。

　ただし、過去の取引データすべてをダウンロードする必要があるなど、個人が個人のPC等で行うのは負担があるため、ウォレットサービスなどを利用することが一般的です。

　相手にビットコインを送る際は、ビットコインアドレスがわかればすぐに行うことができます。その手順は、①相手のビットコインアドレスを入力、②送金するビットコインの数量を指定、③送金する際の送金手数料の指定、の3ステップです。

　ビットコインアドレスは英数が並んだ文字列のため、入力ミスに注意が必要です。ビットコインを受け取る側では、自身のアドレスをQRコード表示できるため、それを利用するのが一番確実です。

　その後、送付するビットコインの数量を指定し、送金手数料を選択します。ビットコインは10分ごとに送金リクエストの承認作業（マイニング）が行われています。それは、ブロックには限られた送金情報しか記録できないからであり、送金手数料が高い順からリクエストが承認され、送金が完了します。そのため、前項で説明したように、多くのウォレットサービスでは送金時の手数料を「通常（原則10分以上の時間がかかる）」「優先」「カスタマイズ」といったランク設定をしているのです。

　なお、送金時に注意することがあります。ビットコインは改ざんができないしくみのため、入力ミスも取り消しできないことです。

5-10 ビットコイン送金までの流れ

STEP1

相手のビットコイン
アドレスを入力

- ●ビットコインアドレスは長いので間違えないようにする
- ●相手のQRコードがある場合はそれを読み込むのが正確

STEP2

送金するビットコインの
数量を指定する

- ●送付するビットコインの数量を指定する
- ●着金すると取り消しができないので間違えないように注意する

STEP3

送金する際の
手数料を指定する

- ●ビットコインの送金は通常最低でも10分がかかる
- ●早く送りたい場合は優先して処理してもらえるよう送金手数料が高いオプションを選択するか、自身で送金手数料を指定して送る

いずれも送金が完了すると
取り消しや訂正はできない点に注意が必要

ビットコインで支払いをする

電子マネーと同じように簡単に支払いできる

　先述したように、日本でもサービスの支払いにビットコインが利用できる店舗や企業が登場しています。大手家電量販店やカフェ、レストラン、美容室など様々なサービス提供者がビットコイン決済に対応しはじめています。その背景には、日本よりも普及が進んでいる海外の方の利用が引き金になっていることも要因の1つといえます。

　また、オンラインショッピング等の取引においてもビットコイン決済に対応している場合はビットコインを支払いに利用することができます。オンラインであっても実店舗であっても、利用方法には変わりがありません。基本的には、サービスの提供者側が利用代金の金額を入力したQRコードを表示します。利用者側はウォレットを立ち上げ、そのQRコードをスキャンすれば支払い完了です。電子マネーなどのように現金が不要でとても簡単です。支払う利用者側はスキャンする以外に原則操作は不要です。

　これはオンラインサイトでも同様です。ビットコイン決済を受付けているサイトで何か購入したとしましょう。購入代金の決済方法でビットコインを選択します。すると店舗と同じようにQRコードがサイト上に表示されます。そうしたら自身のウォレットアプリを起動してQRコードをスキャンすれば支払い完了です。

　現在のところビットコインは投資対象としての注目が大きいため、決済手段としての機能が十分に理解されているとは言いがたいのが実情です。しかし、インターネット上で実態のない仮想ではありますが、「通貨」として流通している以上、**そもそもの通貨の役割であるモノとモノとの交換に使う媒体としての存在意義にも注視すべきです。そうなってはじめてビットコインは市民権を得るものと思われます。**

5-11 ビットコインでの支払いの流れ

STEP1

ビットコイン払いを伝える

- 店頭でビットコイン払いと伝える
- オンラインの場合はビットコイン支払いを選択

STEP2

支払い金額を確認する

- 店頭のタブレットや、オンライン画面に表示された支払い金額を確認する

STEP3

スマホで QR を読み取る

- 支払い先のQRコードが表示される
- 自身のウォレットアプリを立ち上げ、そのQRコードを読み込めば決済完了

通貨としての役割が
十分認識されることで、市民権が得られる

ビットコインにかかわる規制

改正資金決済法による消費者保護の強化

　ビットコインを巡る仮想通貨については、各国で規制の状況が異なります。日本においては、これまで明確な規制はありませんでしたが、ようやく法整備が実施されました。

　これにより、仮想通貨の取引所や決済代行のビジネスに大手企業が参入する事例が出てきています。大手企業や上場企業はルールや規制があいまいなビジネスにはリスクが高く参入することに慎重です。そうしたなかでのこのたびの法整備によって仮想通貨や、関連事業者に関する位置づけが明確となったため、参入の検討が相次いでいます。

　具体的には、**2016年に資金決済法が改正され、これまで法律上、定義があいまいだった仮想通貨および仮想通貨を取り扱う事業者を定義しました。** いわゆる「仮想通貨法」と呼ばれるものです。そのうえで、仮想通貨交換業者に該当する事業者は登録制となり、内閣総理大臣の登録を受けた者でなければ、事業を行うことはできません。

　それに伴い、**仮想通貨交換業者に該当する取引所の多くは、利用顧客の本人確認の徹底や、顧客資産の分別管理等が義務付けられました。**

　これは、ビットコインが犯罪等に不正利用されることを防ぎ、利用者である顧客の安全性を確保するための法整備です。

　よって**利用者の私たちにとってプラスになる法整備といえます。** また、大手企業が参入することによって提供事業者間でのサービス競争もより活発化し、安心で安全なサービスがより追求されていくものと思われます。

　なお、仮想通貨法は消費者保護を最優先に考慮されていますが、規制を強化するあまり、業界の健全な発展および事業者側の事業活動が萎縮しないように、法律の運用に注意が払われています。

5-12 仮想通貨法の概要

仮想通貨法とは？

- 2016年に「情報通信技術の進展等の環境変化に対応するための銀行法等の一部を改正する法律案」が成立
- 「資金決済に関する法律」に「第三章の二仮想通貨」が追加され、「仮想通貨法」と呼ばれている。2017年4月1日から施行

仮想通貨法のポイント

① 仮想通貨の定義
仮想通貨そのものに加えて、仮想通貨と交換できるものも仮想通貨と定義

② 仮想通貨交換業に関する定義
仮想通貨同士の交換や、仮想通貨と法定通貨の交換を行う事業を仮想通貨交換業と定義

③ 仮想通貨交換業に関する規制
仮想通貨交換業を行うには登録制となり、監査の義務化や、資本金の要件、顧客資産の分別　管理などが義務付け

顧客保護を目的として
仮想通貨ビジネスのルール整備を実施
安心安全なサービス提供を目指す

5-13 ビットコインを利用する際の注意点

ビットコインをはじめとする仮想通貨の多くは、取引が開始された当初から価格が数十倍、数百倍に上昇しているものも少なくありません。ビットコインが登場した当初から保有している人は確かに億万長者になっている人も少なくありません。

しかし、そうした成功ストーリーを悪用した仮想通貨への投資詐欺やそれが疑われる事象が発生しています。

ビットコインはその高いボラティリティ（価格変動）から投資対象として魅力的であるといえますが、投資には必ずリスクが伴います。また、技術や設立背景が不透明な新しい仮想通貨への初期投資などにも十分注意が必要です。

ビットコインやブロックチェーンの技術的特徴は、最先端のスタートアップ企業や研究者さえも日々研究に追われ、追いかけている新しいテーマです。次々と情報がアップデートされ、新たな企業や事例が誕生することから変化のスピードがとても早いといえます。

ビットコインで投資を行う、ビットコインに類似した新しい仮想通貨の新規プロジェクトに出資をする、ビットコインのマイニングクラブに出資を行うなど、あらゆる関与方法やその勧誘セミナーが世界中で実施されています。もちろん、そうしたプロジェクトの中に、優れた技術力やコンセプトで今後大きく成長するものもあるでしょう。

ただし、そうした見極めはプロの投資家でさえ難しい状況です。**ビットコインやブロックチェーンに関与する場合は、よく情報収集を行い、信頼できる情報源や専門家からアドバイスを受けましょう。**ビットコインをはじめとする仮想通貨の利用には、これまでの金融リテラシーに加えて、技術やビジネスの側面も考慮したリテラシーが求められます。

5-13 ビットコイン・仮想通貨利用上の注意

1 投資を行う際は自身の資産の無理のない範囲で行う

- 仮想通貨は価格の変動幅が大きいため、注意が必要である
- 価格変動の要因も多岐にわたるため、万が一価格が大幅に下がった場合も考慮して無理のない範囲にとどめる

2 しっかりとした情報収集を行う

- 新しい通貨の発行や、優先的な投資権利などあらゆる情報があるため、しっかりとした情報収集を行う
- しっかりと理解ができなかったり、不明点がある場合は無理に投資をしないこと

ビットコインを襲った逆風

ビットコイン誕生から現在までの大まかな歴史的流れを見ていきたいと思います。

2008年のビットコイン誕生以降、国内においてもビットコインの取引所などを運営する仮想通貨関連のスタートアップが誕生します。また、早い時期から、ビットコインの技術的愛好家や、興味のある人々によって勉強会やMeetupと呼ばれる交流が行われ、コミュニティ運営がされてきました。

2014年に発生した当時世界最大規模のビットコイン取引所を運営していたマウントゴックス社の破綻により、利用者保護の観点から、日本政府も業界団体設立を呼びかけ、国内の事業者有志による業界団体「日本価値記録事業者協会」が設立されました。当時法規制の対象外だった仮想通貨について独自の定義を行い、自主ルールを定めて業界の健全化に努めました。同時に、仮想通貨に対する国際社会の風当たりも、当初はあまり良くなかったといえます。というのも、既存の決済システムや法規制の枠組みの外にある仮想通貨は、犯罪組織によるマネーロンダリングへの悪用や、テロ等の資金調達に悪用されているのではという懸念があったためです。そこで、各国は仮想通貨に対する規制に動きます。

2015年6月にはFATF勧告によって仮想通貨に関するガイダンスが公表されました。FATF（金融活動作業部会）とは、1989年に設立されたマネーロンダリング・テロ資金対策の国際基準（FATF勧告）作りを行うための多国間の枠組みです。FATF勧告は、世界190以上の国・地域に適用されています。

公表された仮想通貨に関するガイダンスは、仮想通貨と法定通貨を交換する交換所に対し、登録・免許制を課すとともに、顧客の本人確認や疑わしい取引の届出、記録保存の義務等のマネーロンダリング・テロ資金供与規制を課すべきといった内容です。

これを受け、日本をはじめ多くの国で仮想通貨に関する規制の新設・見直しが検討されました。

第 **6** 章

ブロックチェーンの
取り組み状況は？

ブロックチェーン時代のビジネスモデル

🔗 周辺サービスとしての可能性を探る

　ブロックチェーンは、参加者同士が直接やり取りし、取引できるしくみを作ります。仲介業者を排除するというコンセプトにより、自らがビジネスモデルとして扱うにはとてもハードルが高いといえます。

　ブロックチェーンの提供主体となる場合は、そのブロックチェーン上でやりとりされる情報や取引に従量課金する方法や独自の通貨を発行して、それを利用してもらう方法が考えられます。

　ただ、ブロックチェーンそのものの明確な効果が出にくいなか、初めから多額の課金を行うのは現実的ではありません。当面は従量課金に近いビジネスモデルが主となりますが、これのブロックチェーンそのものが利用されなければ収益をあげることはできません。

　これ以外には、周辺ビジネスを行う方法があります。

　例えばビットコインは、中央の管理者不在で通貨システムを構築し、実用化することに成功しました。ただし、一般の個人がビットコインのソフトウェアをダウンロードして、マイニングしてビットコインを手に入れたり、ビットコインをネットワークを介して誰かに送金するといったことは、機器が不十分であったり、難解なプロセスの処理などからほとんど不可能です。

　実際には、**ビットコインが誕生後は多くの周辺事業者が誕生し、ビットコインのシステムそのものと、利用者を結びつける取引所、ウォレットサービス、決済代行など様々なサービスを提供しています。**

　利用者が多く存在すれば、個別対応のニーズがあります。加えて、すべてのニーズを満たす完璧な技術やサービスは世の中にありません。そうした不便や不満を解決するビジネスもブロックチェーンそのものが非収益的なのものであっても生まれることが予想されます。

6-1 ブロックチェーンの周辺サービス

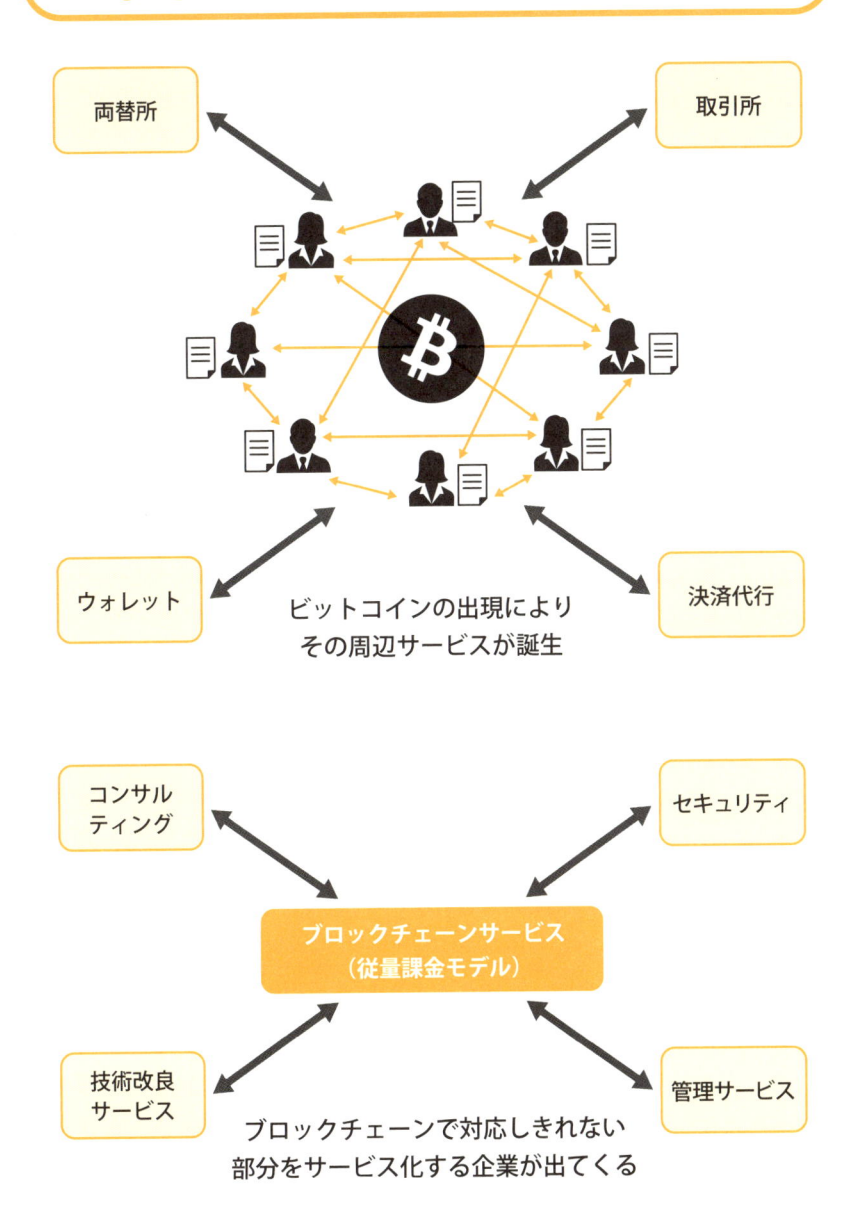

ビットコインの出現により
その周辺サービスが誕生

ブロックチェーンで対応しきれない
部分をサービス化する企業が出てくる

6-2 新しい組織の形DAOの出現

🔗 契約や取引を自動化する世の中の到来？

ブロックチェーンがもたらす大きな機会の1つに**「DAO（Distributed Autonomous Organization）」**があります。**「自律分散型組織」**とも呼ばれ、スマートコントラクトとブロックチェーンが生み出す世界を指した概念です。

これは、ブロックチェーンやスマートコントラクトを用いることで、分散型の管理を通して自動で契約を執行し、特定の管理者などの人手を介さずとも自律して存在することができる組織を指します。

その象徴的な例が、ビットコインです。繰り返しになりますが、ビットコインは特定の企業や組織が管理しているわけではありません。毎年の維持コストや、システムの構築費用をどこかの企業が負担するわけではなく、世界中に分散した有志の参加者が支えています。

その参加者たちも、特定の誰かに指示・管理されてビットコインを支えているわけではなく、あくまで自発的に行っています。誰かが管理せずとも、ビットコインは世界中で利用される基盤として止まることなく自律的に動き続けて、維持され続けています。

DAOが広がると世の中はどうなるのでしょうか？　私たちの暮らしで避けて通れない取引や契約には煩雑な手続きや、契約内容や取引相手の身元や信用度の確認などあらゆる作業が発生し、その多くは人手を介して行われます。**それらが、自動で管理、執行されることで、人的ミスやコストがない完全に自動化、効率化された社会が実現するかもしれません。**

さらにAIやIoTが加わることで、契約の主体は人間のみではなくなり、あらゆる生産作業が自動化され、人々の生活はより豊かに、便利になる社会が来るかもしれないという夢のような世界も期待できます。

6-2 DAOの世界

ブロックチェーンサービス

スマートコントラクト

- 契約や取引を自動化
- 煩雑な手続きや、契約内容や取引相手の身元、信用度の確認などが不要に
- 自動で管理、執行されることで、人的ミスやコストがなくなる

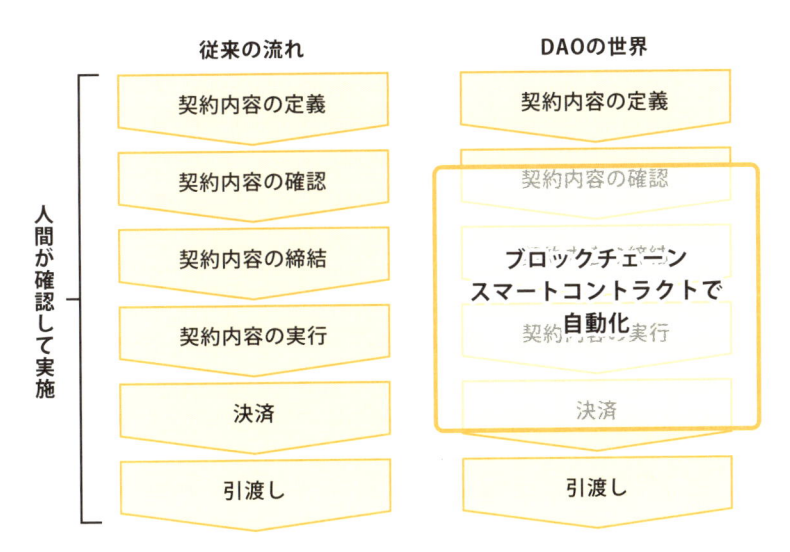

- 煩雑な手続きや確認の手間が無くなる
- 自動化されているので不正リスクも無くなる

6-3 自律分散型組織で起きた事件

🔗 50億円の盗難が発生したThe DAO事件

夢のようなDAOの世界ですが、その一方で「The DAO事件」と呼ばれる、マウントゴックス事件以来の大事件が起こりました。

2016年6月、ビットコインに次ぐ規模の仮想通貨イーサリアムのテクノロジーを応用して作られた「The DAO」は、分散型の投資ファンドを実現するためのプロジェクトで、クラウドファンディングで約150億円の資金を集めました。イーサリアムの基盤上のスマートコントラクトで作られた「The DAO」はプログラムコードの検証を怠っていたことから、その脆弱性を突いた攻撃を受けてしまい、結果として50億円もの多額の資金が不正に持ち出されてしまいます。

仮想通貨イーサリアム自体に問題はありませんでしたが、その不正によって持ち出された資金の救済を巡って議論が沸き起こりました。その結果、イーサリアムはハッキング以前の該当取引を無効とする手段を選びました。つまり、50億円が盗まれる前の状態に戻したのです。**こうして取引を無かったことにする措置を「ハードフォーク」と呼んでいます。**

しかし、ブロックチェーンの特徴は過去の取引が改ざんできないことです。逆に言えば、発注ミスがあっても、「いまの取引は無かったことで…」という措置はできません。ブロックチェーンは、これらを一切認めないことでその信頼性を担保してきました。イーサリアムの場合はこれを実行したことで、本来分裂しないはずのブロックチェーンが2つに分かれたのです。どのような理由であれブロックチェーン取引が持つリスクが顕在化した事件となりました。

ただし、DAOという概念そのものと、The DAO事件は全くの別物ですので、今後区別した理解が必要です。

6-3 The DAO事件の概要

> The DAO
> 分散型の投資ファンドプロジェクト
> クラウドファンディングで
> 約150億円の資金を集めた

ブロックチェーン基盤
イーサリアム

攻撃者

The Dao の脆弱性を突いて
ハッキング

 緊急事態

50 億円の盗難発生

「ハードフォーク」の実施

50 億円は救済されるが、
イーサリアムの信用問題に発展

ブロックチェーンで私たちの仕事はどうなるか?

🔗 価値の高い業務を生み出す土壌が整う

ブロックチェーンがもたらす変革によって、私たちの仕事はどうなってしまうのでしょうか?

長期的な視点でみれば、ブロックチェーンで取引が行いやすく、現在仲介業の立ち位置でビジネスに従事している場合は、契約や取引などその仕事がブロックチェーンによって効率化される可能性があります。

ただし、前述したとおり、ブロックチェーンは新たな機会を生み出すものとして好意的に捉えるべきです。

大規模な資本、組織を背景に仲介業ビジネスそのものを行っているわけではないかぎり、ブロックチェーンの登場と発展は私たち個人に新たな価値をもたらす可能性があります。

特に起業家として新たな価値やモノ、サービスなどを生み出す人々にとっては、その価値を直接やり取りしたり、価値を反映した自身の擬似的な株式をブロックチェーンやビットコインを用いて発行することで資金調達を行うことさえ可能になります。現実にそうした事例が登場しはじめています。

ブロックチェーンを含む近年の技術革新のトレンドの多くは、私たち個人の「個」を後押しするものが多いのが特徴です。

大きな資本力や組織を頼りとせず、自ら価値を生み出す人がより活躍しやすい土壌がどんどんと整っていっています。

そう遠くない将来、取引や手続きの多くはブロックチェーンやAI、IoT、さらにはロボットなどで自動化され、私たちはより有意義な創作活動や、価値の創出、娯楽や趣味に時間を使えるようになるのかもしれません。

ただし注意が必要なのは、これまで人の手で行ってきた業務が自動化されることへの対策です。これは自分の業務を見直す機会でもあるのです。

6-4 効率化していく仕事

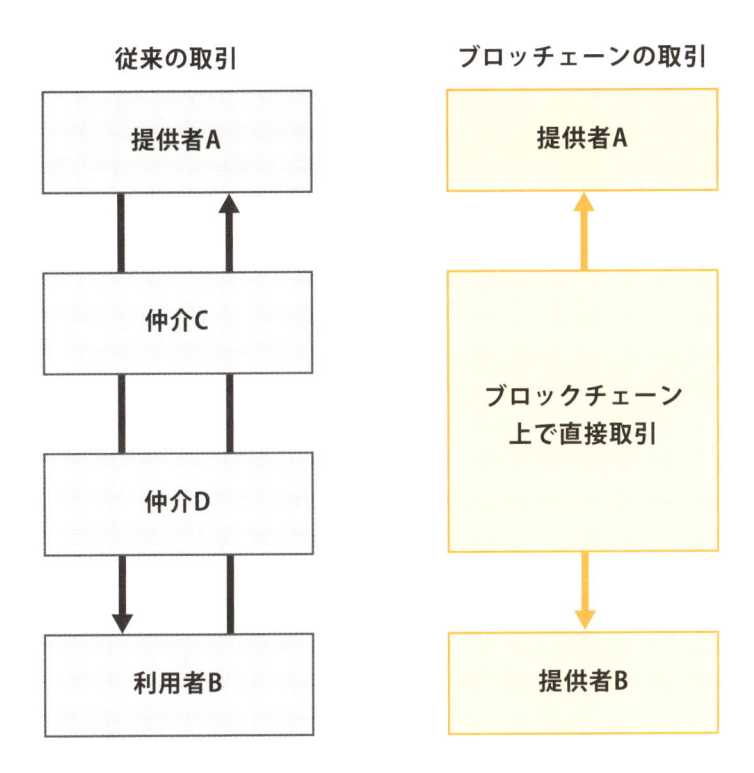

- 仲介者がいなくなることでより効率的な取引が実現

- 手数料を取られることなく権利や利益がより入手可能になる

- 自動化される業務に対して、これまでの仕事のあり方を見直す機会

6-5 業界団体の取り組み

中央集権的社会から分散自律型社会を構築するイノベーションであるブロックチェーン。インターネットが登場したときのようにこれから新たなビジネスが生まれようとしています。

そうしたなか、ITや金融、流通などさまざまな業界が中心となりブロックチェーンの業界団体を設立しています。2017年現在、国内における仮想通貨やブロックチェーンに関する業界団体は3つあります。その主な特徴は、次のとおりです。

●一般社団法人日本ブロックチェーン協会（JBA）

2014年9月に日本価値記録事業者協会（JADA）として設立された団体です。ブロックチェーンの重要性の拡大に合わせて2016年4月に改組しました。主に仮想通貨取引所などの仮想通貨関連のビジネスを行うスタートアップが中心となって活動しています。95社の企業が加盟しています。

●一般社団法人日本仮想通貨事業者協会

2015年12月に開催され、筆者も登壇者として参加した金融商品取引業者向け「仮想通貨ビジネス勉強会」が一般社団法人化した団体です。

主に大手企業が中心となって、銀行・証券会社・金融商品取引業者等が仮想通貨ビジネスをはじめるために必要な環境整備を目指し活動しています。67社の企業が加盟しています。

●ブロックチェーン推進協会（BCCC）

2016年4月に、主にブロックチェーンを開発・提供するスタートアップや、大手企業によって設立された団体です。団体での実証実験や、ブロックチェーン大学校を通じたエンジニア育成を行うなど、ブロックチェーンの普及・推進に向けて活動を展開しています。134社の企業が加盟しています。

6-5 主な業界団体の概要

一般社団法人日本ブロックチェーン協会

- 日本国内で早期から仮想通貨ビジネスに取り組む団体で、ブロックチェーンの発展に合わせて一般社団法人日本価値記録事業者協会から改組
- ブロックチェーンの定義を公表していることでも知られる
  〈JBAによるブロックチェーンの定義〉
  1)「ビザンチン障害を含む不特定多数のノードを用い、時間の経過とともにその時点の合意が覆る確率が0へ収束するプロトコル、またはその実装をブロックチェーンと呼ぶ。」
  2)「電子署名とハッシュポインタを使用し改竄検出が容易なデータ構造を持ち、且つ、当該データをネットワーク上に分散する多数のノードに保持させることで、高可用性及びデータ同一性等を実現する技術を広義のブロックチェーンと呼ぶ。」

一般社団法人日本仮想通貨事業者協会

- 大手企業を中心に仮想通貨ビジネスに特化した活動を実施
- 毎月国内外から有識者や事業者を招いて会員向けの勉強会を実施している
- 勉強会では仮想通貨ビジネスに関する最新動向から法律・規制や会計面での情報も多く実務に直結する内容として多くの支持を受ける

ブロックチェーン推進協会

- ブロックチェーン普及に向けて数多くの会員企業が加盟し様々な取り組みを実施
- 仮想通貨プロジェクト「Zen」は注目を集めており今後の動向が期待される
- Zenはブロックチェーン推進協会が発行する仮想通貨で、日本円との為替レートを安定させることで実ビジネスへの応用を目指す
- プライベートブロックチェーン上で会員企業に発行される

6-6 金融庁の取り組み

🔗 消費者保護と金融イノベーションの推進

　日本では、各省庁がブロックチェーンに関する研究や検討を行っていますが、金融分野においては監督省庁の金融庁が担当しています。

　FinTechの到来により、国内外の金融業界は今後どうあるべきかの議論が各所で行われています。**そもそも金融業の基本は、「信用」に基づくビジネスです。** 中央集権型から分散型の社会に変えるブロックチェーンは、金融業の存在意義を考えさせる技術です。そこには業界も消費者も今後どうなるのかとの不安は隠せません。

　そこで**金融庁は、FinTechをはじめとして仮想通貨、ブロックチェーンに関することなど、利用者保護と安定した金融システムの維持を最優先にして、日本発の国際的イノベーションが創出・成長できるような取り組みが行われています。** まず、2015年12月「FinTechサポートデスク」を設置し、FinTechに関する事業相談・情報交換の窓口として運営されています。

　また、規制、ルール面での取り組みも進んでいます。利用者を保護し、安心安全なサービス提供がされるよう配慮する一方で、イノベーションや新しい取り組みの芽を摘まないようにするといった方針が根底にあります。

　そうした取り組みから、**平成28年の資金決済法の改正において仮想通貨に関するサービスが規制対象になりました。**「仮想通貨」が定義され、仮想通貨と法定通貨を交換する事業者に対して登録制が導入されました。

　加えて、利用者保護のためのルールに関しても規定が整備されました。改正資金決済法は2017年4月から施行されており、明確なルールが設けられたことで、大手企業の参入も始まっています。

　ブロックチェーンの技術開発がさらに進みFinTechの浸透が進むことで、それに合った法改正も今後行われることでしょう。

6-6 金融庁で検討されていること

「ブロックチェーン技術を活用した金融・経済取引等に関する国際的な共同研究について」

- 各国政府等におけるブロックチェーン技術の活用等に係る取組みの共有
- ブロックチェーン技術を用いた取引における利用者保護上のリスクへの対応
- ブロックチェーン技術を活用した取引におけるプライバシー
- 機密性の確保・ブロックチェーン技術を決済システム等に活用した場合の課題
- ブロックチェーン技術を用いた取引プログラムの不備への対応

金融庁ホームページより

ブロックチェーンによる影響検討

通貨	送金決済
融資	金融商品取引

経産省と総務省の取り組み

🔗 電子政府の一環として積極的に推進

　仮想通貨やブロックチェーンに関与しているのは金融庁だけではありません。民間の経済活力の向上や産業をミッションとする**経済産業省**においても、早期からブロックチェーンに関する検討や研究を実施しています。

　ブロックチェーンの可能性について調査したレポートの公表や、有識者との検討会合を実施し、その内容の多くを随時公表してきました。

　2017年3月には、世界初の「ブロックチェーン技術を活用したシステムの評価軸」を策定・公表しました。ブロックチェーンの特性を正しく評価し、既存のシステムとの比較を可能とすることで、ブロックチェーンの検討や導入を後押しすることを目的に作られています。

　総務省においても、ブロックチェーン活用に向けた有識者によるワーキンググループが発足しています。**総務省・ブロックチェーン活用検討SWGとして検討資料が公表されています。**

　加えて、2017年6月、総務省がブロックチェーンを活用し、政府の電子申請システムを刷新すると日本経済新聞が報じました。

　日本経済新聞によれば、まず国や自治体の公共事業入札などの申請手続きにブロックチェーンを適用し、各省庁や自治体でシステムを一元化して情報を共有するとのことです。

　そうすることによって、行政のコスト削減につなげるだけでなく、従来の中央管理型から分散管理に移行することで、サイバー攻撃を受けにくくし、セキュリティを向上させる狙いがあります。

　政府の電子化は電子政府と呼ばれる取り組みで海外でも事例があります。報道によれば2018年度に電子政府での活用に向けて、今年度にも入札業務で実証実験を行う予定とのことで、今後の取り組み内容が期待されます。

6-7 積極的に関与する政府

	経済産業省	総務省
検討状況	平成27年度 我が国経済社会の情報化・サービス化に係る基盤整備（ブロックチェーン技術を利用したサービスに関する国内外動向調査）	情報通信審議会 情報通信政策部会 IoT政策委員会 基本戦略ワーキンググループ ブロックチェーン活用検討サブワーキンググループ
具体的な活動	● 2017年3月世界初の「ブロックチェーン技術を活用したシステムの評価軸」を策定・公表 ● ブロックチェーンの特性を正しく評価し、既存のシステムとの比較を可能とすることで、ブロックチェーンの検討や導入を後押しする	● 2017年6月政府の電子申請システムを刷新すると日本経済新聞が報じる ● 報道によれば国や自治体の公共事業入札などの申請手続きにブロックチェーンを適用し、各省庁や自治体でシステムを一元化して情報を共有するとのこと

●その他省庁の対応

消費者庁	警察庁	国税庁
仮想通貨の投資・利殖をうたうトラブル対応	マネーロンダリングなどの犯罪への利用についての対応	将来的な税務への影響についての対応

6-8 ブロックチェーンが学べる場

🔗 業界団体や民間企業が教育支援事業を展開

　ブロックチェーン技術はいま急速に成長しているもののまだ黎明期にあります。インターネットが本格的に普及しはじめた1995年頃、まだホームページを作る技術は稚拙であり、そもそもインターネットで何ができるのか、一般の人にはまだ具体的には理解できませんでした。当時のそれと似たような状況が現在のブロックチェーンではないでしょうか。**この技術をいち早く学び、ビジネスに活かすことで未来を開くことになります。**そのための学びの場も登場しています。

●一般社団法人ブロックチェーン推進協会

　先に紹介したブロックチェーン推進協会では、ブロックチェーンを利活用できるエンジニアや導入担当者の育成を目的に会員企業向けの「ブロックチェーン大学校」を開設・運営しています。約120名が受講しており、2017年度は200名以上の会員企業に対する教育活動を計画しています。

●株式会社ブロックチェーンハブ

　同社はブロックチェーンの教育プログラムの提供や、ベンチャー創業支援を通じて、ブロックチェーン技術を使った新事業創造を推進しています。

　2017年2月には創業支援拠点「ブロックチェーンインキュベータ」を設置し、業界の成長を支える活動を行っています。

●株式会社コンセンサスベイス

　同社はブロックチェーン技術専門企業として、国内のあらゆる実証実験、ブロックチェーンの実装プロジェクトに参画している企業として知られています。最新技術動向を通してブロックチェーン技術者を育成し、今後必要とされるスキルの学習機会を提供することを目的に、エンジニア向けオンラインサロン「即戦力 ブロックチェーン技術者道場」を開設・運営しています。

6-8 国内ビットコインの情報源

名称	ビットコインニュース（BTCN）	仮想通貨勉強会	「使って勉強！ビットコイン」
タイプ	ウェブメディア	フェイスブック内のオンラインコミュニティ	DMMオンラインサロン
運営元	仮想通貨取引などを提供するビットバンク株式会社が運営	一般社団法人日本デジタルマネー協会のメンバーを中心とした有志が運営	有識者や著名ブロガーらが運営
URL	http://btcnews.jp	https://www.facebook.com/groups/592411710814685/	https://lounge.dmm.com/detail/332/
概要	●ビットコインやブロックチェーンに関するニュースサイト ●国内外の幅広いニュースをリアルタイムに近い更新頻度で届けてくれる ●ビットコイン投資家からブロックチェーンでビジネスを行いたい人まで役立つ情報が多い	●一般社団法人日本デジタルマネー協会のメンバーが中心となって運営 ●最新動向から、利用者の質問に至るまで情報を入手することができる ●現在5419人（17年8月6日現在）がメンバーとなっている	●日本デジタルマネー協会の理事らが運営するオンラインサロン ●有料だがすぐに満員となってしまう人気 ●疑問や質問を直接聞くことができるため初心者におすすめ

オンラインの情報とオフライン（Meetupやイベント）をうまく活用する

個人の価値を売買できる？

2017年5月にリリース後、瞬く間にブームとなり、ネット上のみならず国会でも取り上げられるなど注目を集めているサービスがあります。

それが個人の株式を発行できるサービス、VALUです。VALUは、2016年に設立されたVALU社が提供していて、株式会社のように、個人が自分自身の価値を模擬株式として発行、取引ができるサービスです。

VALUでは、SNSのフォロワー数や友達の数に応じて自身の時価総額が自動的に算出されます。その金額を元に模擬株式（VA）を発行し、自分の価値を取引するしくみとなっています。サービスはビットコイン・ブロックチェーンを活用して開発されており、VAの購入はビットコインで行う必要があります。

ユーザーは、自身のVAを保有しているVALUER（株主）に対して優待を設定することができ、まさに上場企業そのものです。

株主は優待を活用してもいいし、保有先の個人の時価総額が上がれば値上がり益（キャピタルゲイン）を享受することができます。

一方、ユーザー（発行側）側から見れば、自身のVAを売り出すことでその代金としてビットコインを手に入れることができ、資金調達を行うことができます。上場企業と同様に、自身の株式をどの程度市場に放出するのか、といった点も、自身の価値をコントロールするためには重要なポイントとなります。

模擬株式の売買にはビットコインが使われており、買い付け代金の入金のためのビットコインや、売却代金のビットコインを日本円に両替する場合には、VALUとは異なるビットコインのウォレットサービスや取引所サービスが必要となります。

現在の時価総額ランキングは、ネット上でも有名なインフルエンサーの方々がランクインしています。

ブロックチェーン社会に備えてアクションしてみよう！

　ブロックチェーンをビジネスで活用する場合も利用者とし使う場合も触れてみないことには理解が進みません。

　現在、ブロックチェーンに関する情報や学習機会は溢れていますので、具体的なアクションの例を紹介します。

1. ブロックチェーンを知る

　ブロックチェーンに関する知識や情報は、米国の大学オンライン講座や、日本国内でも研修講座などが開講されており、学習機会は増えています。初心者向けの勉強会や、オンラインサロンなどもありますので、自身のレベルや目的に応じて使い分けてみましょう。

2. ブロックチェーンに触れる

　ブロックチェーンそのものに触れてみたい場合も、各種ソフトウェアの取り扱い書籍等がすでに発刊されています。こうした情報源を活用して、実際のブロックチェーンを動かしてみることも可能です。ブロックチェーンを用いたハッカソンに参加したり、ブロックチェーンを扱うスタートアップに転職したり、インターンに応募する方法もあります。

3. ブロックチェーンを使ってみる

　技術的な特徴と、サービスの体験は異なるものです。一般的にブロックチェーンを用いたサービスは、利用をしているだけではどこでどのようにブロックチェーンが使われているのかはわからないことがほとんどです。ただし仮想通貨のビットコインをはじめとして、ブロックチェーンによるファイル保管・保護サービスや、個人の擬似株式の発行・取引など個人でも利用できるものは増えてきています。

ブロックチェーンでビジネスを考えるときに大切なこと

　ブロックチェーンには、「お金」や「金融」以外にも、「信用」「取引」などのキーワードが重要な要素となっているとご理解いただけたと思います。

　お金や金融分野の「FinTech」が大きなブームとなっているのも、多くの生活者や企業にとって、何かしら関係がある、非常に範囲の広い分野だからだと思っています。

　さらに、信用や取引というキーワードは、すべての人々の生活やビジネスに必要な要素となっています。ブロックチェーンがもたらした人々、企業との分散型のシステムの物語は始まったばかりです。

　ブロックチェーンは概念としての広さ、奥深さはもちろんのこと、技術的な構成要素の多さ、複雑さも併せ持っています。そしてビジネス的な概念と同様に技術的側面も日々めまぐるしいスピードで変化し、様々なチャレンジが行われています。

　おそらく今後も、ブロックチェーンの定義そのものを覆す新たなコンセプトや技術が誕生する可能性もあれば、スピードが早すぎる展開に利用者や企業、政府までもがついていけず、思わぬ問題や規制強化といったことが起きる可能性もあるでしょう。

　いずれにしても、ビットコインの誕生とそれを実現させたブロックチェーンという技術がもたらしたインパクトは、今後より大きな波になるはずです。ブロックチェーンのみならず、技術やビジネスの進化によって様々なバズワードが誕生するからこそ、「誰の、どんな問題を、どのように解決しようとしている人々や企業がいるのか」、といった問

題起点の視点が重要になってくると思います。

　人々のより良い生活やビジネスの実現のためにビジョンを強く持つ
人々をよりサポートしていくのが、ブロックチェーンをはじめとする新
たに続々と生み出される技術です。
　今後も目まぐるしく変化する社会において、新しいビジネスを立ち上
げようと取り組んでいる方、自身や組織の働き方について考えている
方、様々な立場の方にとって、本書がブロックチェーンや分散型社会が
もたらす未来について興味を抱いたり、考える機会となれば幸いです。

2017年9月

桜井 駿

桜井 駿（さくらい・しゅん）

NTTデータ経営研究所 情報戦略コンサルティングユニット ビジネストランスフォーメーショングループ シニアコンサルタント。大学卒業後、みずほ証券株式会社を経て現職。幅広いセクター企業に対する新規事業戦略コンサルティングを担当。国内外のスタートアップトレンドを得意とし、大手企業向け社内アクセラレーターやオープンイノベーション支援も実施。デジタルビジネスにおける新規事業創出や、フィンテック、ブロックチェーンに関する講演を全国で多数実施。一般社団法人Fintech協会 事務局長を兼務。著書：『決定版FinTech』（共著、東洋経済新報社）

超図解ブロックチェーン入門

2017年9月30日　初版第1刷発行
2018年1月30日　　　第3刷発行

著　者——桜井　駿
© 2017 Shun Sakurai

発行者——長谷川　隆
発行所——日本能率協会マネジメントセンター
〒103-6009 東京都中央区日本橋 2-7-1　東京日本橋タワー
TEL 03(6362)4339(編集)／03(6362)4558(販売)
FAX 03(3272)8128(編集)／03(3272)8127(販売)
http://www.jmam.co.jp/

装　　丁——冨澤　崇
本文DTP——株式会社森の印刷屋
印　刷　所——シナノ書籍印刷株式会社
製　本　所——株式会社宮本製本所

ISBN 978-4-8207-5998-0　C2034
落丁・乱丁はおとりかえします。
PRINTED IN JAPAN

JMAM の本

マンガでやさしくわかる
プログラミングの基本

高橋雅明 著／田中裕久 シナリオ制作／森脇かみん 作画

- プログラミングとは何かを知りたい人のための入門書
- 読み進めるだけでプログラミングリテラシーが身につく
- 紙上でプログラミングの再現ができる

主な目次：序章 プログラミングとは／第1章 コンピュータができること／第2章 プログラミングの準備と基礎知識／第3章 プログラミングの動きとつくる手順を考えよう／第4章 プログラミングをしよう／第5章 プログラミングとプログラマ

A5判288ページ

日本能率協会マネジメントセンター